Natalie Schnack

30 Minuten

Selbstbehauptung

Bibliografische Information der Deutschen Nationalbibliothek

Die Deutsche Nationalbibliothek verzeichnet diese Publikation in der Deutschen Nationalbibliografie; detaillierte bibliografische Daten sind im Internet über http://dnb.d-nb.de abrufbar.

Umschlaggestaltung: die imprimatur, Hainburg
Umschlagkonzept: Martin Zech Design, Bremen
Lektorat: Dr. Sandra Krebs, GABAL Verlag GmbH, Offenbach
Satz: Zerosoft, Timisoara (Rumänien)
Druck und Verarbeitung: Salzland Druck, Staßfurt

© 2013 GABAL Verlag GmbH, Offenbach

Hinweis:
Das Buch ist sorgfältig erarbeitet worden. Dennoch erfolgen alle Angaben ohne Gewähr. Weder Autorin noch Verlag können für eventuelle Nachteile oder Schäden, die aus den im Buch gemachten Hinweisen resultieren, eine Haftung übernehmen.

Printed in Germany

ISBN 978-3-86936-527-5

In 30 Minuten wissen Sie mehr!

Dieses Buch ist so konzipiert, dass Sie in kurzer Zeit prägnante und fundierte Informationen aufnehmen können. Mithilfe eines Leitsystems werden Sie durch das Buch geführt. Es erlaubt Ihnen, innerhalb Ihres persönlichen Zeitkontingents (von 10 bis 30 Minuten) das Wesentliche zu erfassen.

Kurze Lesezeit

In 30 Minuten können Sie das ganze Buch lesen. Wenn Sie weniger Zeit haben, lesen Sie gezielt nur die Stellen, die für Sie wichtige Informationen beinhalten.

- Alle wichtigen Informationen sind blau gedruckt.

- Schlüsselfragen mit Seitenverweisen zu Beginn eines jeden Kapitels erlauben eine schnelle Orientierung: Sie blättern direkt auf die Seite, die Ihre Wissenslücke schließt.

- *Zahlreiche Zusammenfassungen innerhalb der Kapitel erlauben das schnelle Querlesen.*

- Ein Fast Reader am Ende des Buches fasst alle wichtigen Aspekte zusammen.

- Ein Register erleichtert das Nachschlagen.

Inhalt

Vorwort   **6**

1. Die Idee von Status   **9**
Status in unserem Leben   10
Status „hat" man nicht, Status „macht" man   16
Status-Ausprägungen   17

2. Statusverhalten   **25**
So entsteht Statusverhalten   26
Der innere Status   30
Der äußere Status   37

3. Ihr persönlicher Status   **47**
Ihre Lebensrollen   48
Ihre Status-Komfortzone   54
So erweitern Sie Ihre Status-Komfortzone   60

4. So behaupten Sie sich   **67**
Überzeugend auftreten   68
Gespräche führen mit dem Status-Modell   71
Status in Gruppen   85

Fast Reader   **90**

Die Autorin   **94**

Weiterführende Literatur   **95**

Register   **96**

Vorwort

Jeder von uns hat sich schon mal klein und unbedeutend gefühlt, während uns der Gesprächspartner groß und wichtig vorkam. Oder andersherum. Das ist völlig normal. In der Kommunikation wird ständig darum gefeilscht, wer führt, wer folgt, wer dominiert, wer sich unterwirft. Das nennt man Statusverhalten.

Status gehört also zu unserem Leben dazu. Es gibt keine Möglichkeit, zu kommunizieren, ohne dass Status und seine Auswirkungen auf das Miteinander eine Rolle spielen. Jetzt könnte man meinen, es gehe darum, sich auf jeden Fall durchzusetzen – besonders im Beruf.

Doch darum geht es mir in diesem Buch überhaupt nicht. Ich zeige Ihnen viel lieber, wie Sie sich behaupten. Denn beim Durchsetzen geht es darum, als Sieger aus einer Auseinandersetzung oder einem Gespräch hervorzugehen. Und wo ein Sieger ist, ist auch ein Verlierer.

Sich behaupten heißt für mich, das eigene Anliegen zu erreichen und gleichzeitig andere mit ins Boot zu holen. Auch wenn diese gegensätzliche Anliegen haben.

Das Wissen um den gefühlten und geäußerten Status ist dabei eine kleine Wunderwaffe.

In Kapitel 1 lernen Sie die vielen Facetten des Status-Modells und seine Auswirkungen auf Ihre Wirkung kennen. Es gehen Ihnen sofort einige Glühbirnen auf, denn Sie sehen, wie leicht Sie Ihr Gegenüber und das Verhalten zueinander durchschauen können.

In den Kapiteln 2 und 3 lernen Sie zwischen dem inneren und äußeren Status zu unterscheiden. Außerdem erkennen Sie Ihr eigenes Statusgefühl und -verhalten. Besonders wichtig für Ihre Selbstbehauptung ist das Wissen um die eigene Status-Komfortzone.

Und im 4. Kapitel wenden Sie alles dann ganz praktisch an: So können Sie sich gegenüber anderen behaupten, und zwar in jeder Situation. Beruflich und privat. Gegenüber Einzelnen und in Gruppen.

Das Ziel: Auf Augenhöhe kommunizieren. Respektvoll. Mit Win-win!

Ihre
Natalie Schnack

Sichtbarkeits-Coach
kontakt@natalieschnack.de

30 MINUTEN

Was ist Status?

Seite 10

Wieso kann man einen bestimmten Status nicht „haben"?

Seite 16

Welche Status-Ausprägungen gibt es?

Seite 17

1. Die Idee von Status

In jeder Begegnung, in jedem Gespräch, überhaupt in jeder Situation, in die mindestens zwei Personen involviert sind, wird Status ausgehandelt, meist ohne es zu merken. Diese Tatsache hat Keith Johnstone, der Begründer des modernen Improvisationstheaters, in seiner Arbeit mit Schauspielern entdeckt.

Status gehört also zu unserer Kommunikation. In ihm spiegelt sich die Beziehung der Gesprächspartner untereinander wider. Es ist wie ein ständig ablaufender Vergleich, ein Messen um die Gunst, um den Respekt, um die Sympathie oder den Wunsch nach Distanz oder Nähe. In allem, was ausgedrückt wird – ob in der Körpersprache, Stimme oder Sprache –, transportiert man neben dem Inhalt das aktuelle Status-Verhältnis zum Gegenüber.

Das Erkennen von Status-Zusammenhängen bildet eine ausgezeichnete Basis, um sich wirkungsvoll anderen gegenüber behaupten zu können.

1.1 Status in unserem Leben

Stellen Sie sich folgende Situation vor:

Es regnet. Sie gehen auf einem ziemlich schmalen Fußgängerweg, als Ihnen eine Person entgegenkommt. Sie kennen sich nicht. Schon aus der Entfernung sehen Sie, dass Sie auf dem Weg nicht aneinander vorbeigehen können, einer muss in den Matsch ausweichen. Wie verhalten Sie sich?

Es gibt verschiedene Möglichkeiten, zum Beispiel:

Möglichkeit 1: Sie sind fest entschlossen, standhaft zu bleiben und nicht auszuweichen. Warum auch? Soll doch der andere aus dem Weg gehen! Sie gehen also zielstrebig weiter und schauen ernst geradeaus, ohne Ihr Gegenüber zu beachten. Ihr Anblick lässt keinen Zweifel an Ihrer Entschlossenheit aufkommen. Der andere macht bereits einige Meter vorher einen Schritt zur Seite und lässt Sie vorbei, während er selbst sich nasse Füße im Matsch holt.
Status-Vorgänge: Sie nehmen einen höheren Status ein. Das Gegenüber ordnet sich unter und nimmt bereitwillig den tieferen Status an.

Möglichkeit 2: Sie bekommen schon in einiger Entfernung Panik und schauen sich nach einer Möglichkeit zum Ausweichen um. Vielleicht bleiben Sie an einer Stelle stehen, wo es etwas trockener aussieht, und las-

sen verschämt lächelnd, nach unten blickend die andere Person vorbeigehen. Vielleicht drehen Sie sich sogar ängstlich um und überlegen, ob Sie dieser unangenehmen Begegnung komplett aus dem Weg gehen können.
Status-Vorgänge: Hier nehmen Sie einen tieferen Status ein und der andere nimmt den ihm dadurch zugewiesenen höheren Status an.

Möglichkeit 3: Sowohl Sie als auch die entgegenkommende Person sind der Überzeugung, dass der jeweils andere gefälligst auszuweichen hat. Sie treffen sich und quetschen sich so aneinander vorbei, dass Sie sich sehr nahe kommen. Keiner geht zur Seite, beide machen sich die Füße dreckig. Man schaut sich böse an, lässt spitze Kommentare fallen, warum der andere hätte zur Seite treten sollen, und geht genervt weiter, wenn der „Seiltanz" vorbei ist.
Status-Vorgänge: Beide beanspruchen für sich selbst einen höheren Status, als sie ihn der entgegenkommenden Person zugestehen. Da keiner bereit ist, den eigenen Status zugunsten der anderen Person zu senken, geraten Sie aneinander.

Möglichkeit 4: Beide landen ehrfürchtig in der Pfütze, weil sich niemand behaupten will. Das kann dazu führen, dass Sie sich beschämt fühlen und sich im Nachhinein ärgern.
Status-Vorgänge: In diesem Fall nehmen beide einen tieferen Status zugunsten der anderen Person ein. Kei-

ner ist bereit, den ihr dadurch zugewiesenen höheren Status einzunehmen.

Möglichkeit 5: Sie lassen dem anderen den Vortritt – ganz Gentleman/ganz die Dame –, in Würde und ohne sich selbst dabei herabzusetzen. Dabei schauen Sie die andere Person offen, wertschätzend und interessiert an und lächeln charmant. Beide gehen gut gelaunt weiter ihren Weg.

Status-Vorgänge: Sie handeln selbstbewusst und übernehmen die Initiative. Das spricht für den Hochstatus. Sie lassen das Gegenüber vorbeigehen, was für eine eigene Tieferpositionierung spricht. Andererseits geschieht es würde- und respektvoll, sowohl sich selbst als auch dem Interaktionspartner gegenüber. Es entsteht eine sogenannte Win-win-Konstellation.

Diese simple Situation, die uns so oder ähnlich im Alltag immer wieder begegnet, zeigt bereits die Systematik, die hinter der Palette an möglichem Statusverhalten steckt.

Übung 1:
- Überlegen Sie: Wie verhalten Sie sich üblicherweise in solchen Situationen?
- Welcher der geschilderten Möglichkeiten kommt Ihr eigenes Verhalten und das Verhalten, das Sie in Ihrem Umfeld beobachten, am nächsten?
- Beobachten Sie sich die nächsten Tage einmal intensiv selbst: Wie ordnen Sie Ihr Verhalten beim Zusammentreffen mit anderen ein (oft schwankt der Status, dazu kommen wir noch)?

Ein weiteres Beispiel gibt einen tieferen Einblick in das Thema. Es geht um ein Projektteam. Die Teammitglieder haben den gleichen hierarchischen Rang im Unternehmen und arbeiten an einem bereichsübergreifenden Thema. Wir sind Zeugen einer Projektteam-Besprechung:

Während die meisten Teammitglieder pünktlich da sind, kommt Frau A. 15 Minuten später. Sie begrüßt in aller Ruhe die Anwesenden und lässt sich einen Kaffee servieren, was zu einer Unterbrechung der Besprechung führt. Dann lässt sie sich den bereits erläuterten Stand der Dinge darlegen, äußert zu jedem Punkt ihre Meinung und lässt keine Zweifel aufkommen, dass sie die Entscheidung treffen wird. Als am Ende ein Termin für das nächste Treffen vereinbart wird, macht sie unmissverständlich klar, dass der Termin dann stattfinden wird, wenn sie Zeit hat. Dann verlässt sie den Raum, ohne den Einwänden der anderen Beachtung zu schenken.

Status-Vorgänge: Dass Frau A. für sich selbst einen hohen Status beansprucht und den restlichen Teamkollegen einen deutlich tieferen Status zuweist, ist offensichtlich.

Interessant ist hier darüber hinaus das Verhalten der weiteren Teammitglieder und deren Umgang mit der Situation:

Herr B. wirft Frau A. bewundernde Blicke zu, findet ihre Ideen toll und würde nie auf die Idee kommen, ihr oder

einem anderen im Team zu widersprechen. Er über-
nimmt auch gern das Schreiben des Protokolls und ver-
sorgt alle mit Kaffee.

Status-Vorgänge: Herr B. nimmt gezielt eine Tiefstatus-Position an und „bedient" Frau A. in ihrem Hochstatus. Er positioniert sich tiefer als alle anderen Teammitglieder.

Frau C. eifert der selbstbewusst wirkenden Frau A. nach.
Sobald diese den Raum betritt, spielt sie ihre Freundin
und buhlt um ihre Anerkennung. Kaum ist Frau A. jedoch
aus dem Raum, äußert sie sich abfällig über sie. Den an-
deren Teammitgliedern begegnet sie arrogant und von
oben herab.

Status-Vorgänge: Frau C. nimmt bewusst einen tieferen Status als Frau A. ein. Durch das „freundschaftliche" Verhältnis zu ihr will sie jedoch von deren Hochstatus profitieren. Durch ihre Abwertungen im Nachhinein demonstriert sie ihren eigenen höheren Status gegenüber den restlichen Gruppenmitgliedern.

Herr D. wiederum kommt mit der Art von Frau A. gar
nicht klar. In ihrer Gegenwart hat er das Gefühl, re-
spektlos von ihr behandelt zu werden. Darüber ärgert
er sich und versucht, sich massiv dagegen zu wehren,
was zu einer Auseinandersetzung in der Teambespre-
chung führt. Seine Art wird von den Kollegen als
„schnippisch" und „aggressiv" bezeichnet; Frau A. be-
achtet ihn kaum.

Status-Vorgänge: Herr D. ist mit dem ihm von Frau A. zugewiesenen tieferen Status nicht einverstanden. Er fühlt sich der Situation nicht gewachsen, versucht dennoch mit aller Macht, sich einen hohen Status zu erkämpfen, indem er umgekehrt Frau A. den Status streitig zu machen versucht. Doch mit seiner aggressiven Art setzt er sich in seinem Status nur selbst herab, denn er wird so von Frau A. in seinem Bestreben nach Hochstatus nicht ernst genommen.

Diese Situation zeigt, wie komplex die Status-Vorgänge werden, wenn mehrere Personen gleichzeitig miteinander interagieren.

Übung 2:
Finden Sie sich in den beschriebenen Verhaltensweisen wieder? Das Verhalten welcher der Personen kommt Ihrem eigenen am nächsten?
Beobachten Sie Situationen, in denen mehrere Personen beteiligt sind, ob im privaten oder beruflichen Bereich. Können Sie schon erste Unterschiede im Statusverhalten feststellen?

Unsere Kommunikation ist durchzogen von Status. Er ist allgegenwärtig in jeder Situation, wo mindestens zwei Menschen miteinander interagieren. Durch Beobachtung kann man lernen, diese sonst unbewussten Status-Abläufe wahrzunehmen und nachzuvollziehen.

30

1.2 Status „hat" man nicht, Status „macht" man

Status ist nichts Beständiges. In jeder Begegnung wird er immer wieder neu ausgehandelt, auch mit Menschen, die wir schon ewig kennen. Das Spannende am Status: Diese Zuordnung läuft unbewusst ab. Die Körpersprache, die Stimme, die Sprechweise und das Gesagte werden „gescannt". Dann wird in Sekundenschnelle die Entscheidung getroffen, wie wir darauf reagieren. Erst im Nachhinein fragen wir uns oft, warum wir uns genau so und nicht anders verhalten haben, ohne eine eindeutige Antwort darauf zu finden.

Wenn Sie sich jetzt fragen, ob Status etwas mit Hierarchie, Titeln oder Besitztümern zu tun hat, dann lautet die Antwort: Nein! Status, so wie er hier zu verstehen ist, hat nur mit der Persönlichkeit und dem daraus resultierenden Verhalten zu tun.

Alle sogenannten Status-Symbole – Sie wissen schon: „Mein Auto, mein Haus, mein Boot" – bezeichnet man als Status-Heber. Sie sind je nach Milieu und Umfeld unterschiedlich und dienen dazu, den eigenen Status möglichst zu demonstrieren oder zu festigen. Wenn man alle Status-Heber wegdenken würde, wenn nur noch die Person mit ihrem Verhalten dasteht – was bleibt dann übrig? Das bedeutet: Status ist nicht etwas, das man hat, sondern etwas, das man macht.

Die eigentlichen Status-Abläufe sind universell und laufen in allen Bereichen der Gesellschaft nach denselben

Regeln ab. Natürlich kann man die Status-Vorgänge nicht ganz von der gesellschaftlichen Rangordnung abkoppeln. Doch diese Hebelwirkung ist nicht entscheidend. Der eigene Status hängt erheblich davon ab, wie man sich selbst sieht. Das ist der Auslöser dessen,

- was man tut und
- wie man auf andere wirkt.

Ihr inneres Bild von sich selbst und damit Ihr Selbstwert sind maßgeblich dafür, wie gut Sie sich bisher behaupten können. Ihr Selbstbild ist damit gleichzeitig der Ansatzpunkt, Ihr bisheriges Tun und Ihre Wirkung positiv zu verändern. Wenn Sie die Status-Gesetzmäßigkeiten (er-)kennen, sind Sie in der Lage, Ihren Status flexibel und situationsgerecht zu gestalten.

Status hat nichts mit dem üblichen Status-Verständnis, mit der Hierarchie, dem Titel oder Eigentum zu tun. Statusverhalten ist Ausdruck der Persönlichkeit und des Verhaltens.

30

1.3 Status-Ausprägungen

Wie in den Beispielen „Aus dem Weg gehen" und „Teamsitzung" erläutert, wird grundsätzlich zwischen dem Hochstatus und dem Tiefstatus unterschieden. Dabei sind diese Status-Zustände nicht fix, sondern verändern sich im zeitlichen Verlauf. Wer in einem Moment (oder einer Situation) einen höheren Status hat, kann durchaus kurz darauf einen tieferen einnehmen. Das ist gut so und wichtig für eine funktionierende Kommunikation. Stellen Sie sich vor, wenn jeder von uns entweder der „Bestimmer" wäre oder sich immer nur anpassen würde. Dann wäre keine Entscheidung, kein vernünftiges Gespräch möglich. Das lebhafte Miteinander entsteht dann, wenn Status-Wechsel vorhanden sind.

Status ist vom Kontext und der Beziehung zum Gesprächspartner abhängig. Es geht um die Selbstpositionierung: Wie sehe ich mich in Relation zum Gegenüber? Wird diese Selbstpositionierung durch das Statusverhalten des anderen bestätigt, fühlt man sich wohl in der Kommunikation. Fehlende Bestätigung führt zu Irritationen und sogar zum Status-Kampf.

Status ist also immer relativ, er entfaltet seine volle Wirkung, wenn er akzeptiert und bestätigt wird.

Hochstatus

Sicher kennen Sie Momente der Überlegenheit. Wenn Sie „Herr/Frau der Lage" sind, das Gespräch steuern und das Gefühl haben, das Sagen zu haben. Dann haben Sie schon den Hochstatus erlebt.

Mit dem Hochstatus wird das auf Dominanz und Überlegenheit ausgerichtete Verhalten bezeichnet. Hat ein Mensch den Hochstatus eingenommen, übernimmt er die Kontrolle in der Situation und bestimmt, „wohin die Reise geht". Es geht ihm darum, die eigene Meinung und die eigenen Ziele durchzusetzen.

Tiefstatus

Auch das Gefühl der Unterlegenheit wird den meisten bekannt sein. Wenn der Gesprächspartner die Richtung vorgibt und man sich von ihm dominiert fühlt. Dann kennen Sie auch den Tiefstatus. Oft gerät man in einen Tiefstatus, ohne es zu wollen, sondern aus der Situation heraus oder wenn man sich der Situation oder dem Gesprächspartner nicht gewachsen fühlt. Man würde dem Tiefstatus allerdings nicht gerecht, wenn hier der Eindruck entsteht, dass man ihn vermeiden sollte. Ganz und gar nicht! Ein bewusst eingesetzter Tiefstatus kann für Nähe und Wärme sorgen.

Das kann ein verlässlicher Hochstatus sein

Die Status-Wippe

Eine für alle Beteiligten gelungene Kommunikation verläuft dann, wenn die Status-Differenz zwischen den Gesprächspartnern nicht zu groß ist und beide Kommunikationspartner sich zwischen dem höheren und tieferen Status hin- und herbewegen. Das nennt man Status-Wippe.

Besser erst ↑ ihnen ↑ er außerdem?

Denken Sie an das letzte Mal, als Sie auf einer Wippe gesessen haben. Sie wissen sicher noch, dass es nur dann richtig Spaß gemacht hat, wenn Sie immer wieder hin- und herwippen konnten. Und dafür sind bestimmte Voraussetzungen ausschlaggebend: Gewicht und/oder die Entfernung vom Mittelpunkt der beiden Partner müssen zusammenpassen. Wenn nicht, dann hängt einer oben und der andere sitzt unten. Das macht auf Dauer keinen Sinn und ödet an.

So ist es auch bei der Status-Wippe. Bei einem dauerhaften Ungleichgewicht wird ein am Miteinander interessierter Gesprächspartner ...

- entweder versuchen, das Gleichgewicht und damit das Wippen neu herzustellen,
- oder aus der Kommunikation aussteigen, wenn sein Bemühen keine Früchte trägt oder er kein Interesse oder keine Lust hat, sich darum zu bemühen.

Das ist dann der Fall, wenn einer ...

- auf dem Hochstatus beharrt und den anderen um jeden Preis dominieren will,
- sich im Tiefstatus eingerichtet hat und durch nichts dazu zu bewegen ist, seinen Teil der Verantwortung für die Situation zu übernehmen.

Es geht bei der Status-Wippe um die Dynamik des wechselseitigen Statusverhaltens im Miteinander. Bewegt sich einer mit dem Status nach oben, geht der andere nach unten und andersherum. Das setzt die Bereitschaft beider Gesprächspartner voraus, sich darauf einzulassen, statt auf dem eigenen Status zu beharren.

Status-Kampf

Lassen sich die Beteiligten nicht aufeinander ein, kommt es zu einem Aufeinanderprallen von Status. Es entbrennt der Status-Kampf.

Das kann einerseits passieren, wenn ein Gesprächspartner den Hochstatus eingenommen hat und sich über den anderen erhebt. Der andere akzeptiert den ihm aufgezwungenen Tiefstatus nicht, hält dagegen und geht auch in den Hochstatus. So versuchen sie sich gegenseitig zu überbieten und zu dominieren. Ein Status-Kampf ist aber auch im Tiefstatus möglich, wenn einer den anderen unterbieten möchte. Sie kennen sicher diese Gespräche zwischen älteren Menschen, die darum wetteifern, wem es am schlechtesten geht.

Ein Status-Kampf ist ein sicherer Weg, einen Streit anzuzetteln. Ziel: Sieg für sich, Niederlage für den anderen.

Wichtig ist, zu entscheiden, ob man sich auf einen Status-Kampf einlassen möchte und ob er sich lohnt. Wenn ja, dann entscheidet man selbst, mit welchen Mitteln man kämpfen möchte. Das müssen keineswegs unfaire Kampftechniken sein. Ein einmal ausgefochtener Status-Kampf kann sich durchaus lohnen. Oft verhalten sich dominante Chefs gegenüber einzelnen Mitarbeitern anders. Das sind meist diejenigen, die sich einmal richtig behauptet haben. Was generell wichtig ist, ist die Bereitschaft, in bestimmten Situationen zu kämpfen. Sonst wird es schwer, sich in schwierigen Situationen zu behaupten.

Das Ziel: der Augenhöhe-Status

Oft wird der Hochstatus als das Nonplusultra dargestellt. Doch das gilt nur für diejenigen, die ihre Mitmenschen immer dominieren wollen. Wenn Sie allerdings an tragfähigen Beziehungen und einem respektvollen Umgang miteinander interessiert sind, dann kann das keine dauerhafte Lösung für Sie sein.

Kennen Sie Menschen, die scheinbar mühelos Beziehungen aufbauen? Die sich behaupten, ohne auf dem anderen „herumzutrampeln"? Diese Personen, die eine Art natürliche Autorität haben und angenehme Gesprächspartner sind, streben nach einem Status-Verhältnis, das ich Augenhöhe-Status nenne.

Gerade beim Augenhöhe-Status kommt das Beherrschen der Status-Wippe zum Tragen. Es kann viele Status-Wechsel im Verlauf eines Gesprächs geben, ohne dass einer als Sieger und der andere als Verlierer daraus hervorgeht.

Das Ziel ist also, sich variabel zwischen dem Hoch- und Tiefstatus bewegen zu können. Angestrebt wird die Augenhöhe (s. Kap. 3 und 4).

Voraussetzungen für den Augenhöhe-Status:

- Das Wissen darum, wer Sie sind, wo Sie stehen und was Sie wollen.
- Die Kenntnis des eigenen neutralen Status-Bereiches.
- Gelassenheit und Entspanntheit im Umgang mit sich selbst und anderen.
- Gespür für die Situation und dafür, welches Statusverhalten aktuell angemessen ist.
- Unbedingter Respekt, sowohl sich selbst als auch dem Gesprächspartner gegenüber.
- Ein unbeschwerter und natürlicher Umgang mit Status – Lust auf das Spiel mit dem Status, ohne sich selbst zu ernst zu nehmen.

- Begreifen des Hochstatus als Möglichkeit zum Führen und des Tiefstatus als Möglichkeit zum Folgen. Keine Angst davor, die ganze Status-Palette – Hochstatus und Tiefstatus – zu nutzen.
- Die Bereitschaft, sowohl die Führung zu übernehmen, ohne den anderen mit der Dominanz zu erdrücken, als auch entspannt dem anderen die Führung zu überlassen, ohne sich restlos zu unterwerfen.

- *Status ist in jeder Kommunikationssituation vorhanden. So wie man nicht „nicht kommunizieren kann" (Paul Watzlawick), kann man auch nicht ohne Status mit anderen interagieren.*
- *Status, so wie er hier gemeint ist, ist vom üblichen Status-Verständnis (Hierarchie, Titel oder Eigentum) abzugrenzen. Statusverhalten ist Ausdruck der Persönlichkeit und der daraus resultierten Verhaltensweisen.*
- *Grundsätzlich gibt es einen Hochstatus und einen Tiefstatus. Beim Hochstatus geht es um Überlegenheit und Dominanz. Beim Tiefstatus geht es um Anpassung und Unterlegenheit.*
- *Die Status-Wippe symbolisiert die Dynamik des wechselseitigen Statusverhaltens der Gesprächspartner untereinander. Geht man nicht aufeinander ein, entbrennt ein Status-Kampf.*
- *Beim Augenhöhe-Status geht es um ein unverkrampftes, abwechselndes Führen und Folgen aus einer neutralen Status-Position heraus.*

30

vgl. S. 19
=> Wie bleibe ich stets ihnen ?

30 MINUTEN

Wie entsteht Statusverhalten?
Seite 26

Was ist der innere Status?
Seite 30

Wie erkenne ich den Status?
Seite 37

2. Statusverhalten

Unter Statusverhalten versteht man Strategien, um bewusste und unbewusste Ziele zu erreichen. Wir wählen die jeweilige Strategie danach aus, was uns in der Situation als nützlicher und Erfolg versprechender erscheint. Nach außen senden wir durch unser Verhalten Signale, die auf Dominanz oder Anpassung abzielen, weil wir uns etwas davon versprechen.

Das Statusverhalten entsteht für andere unsichtbar, in unserem Inneren. Je nachdem, wie wir eine Situation beurteilen, wie wir das Gegenüber wahrnehmen und uns selbst in diesem Moment sehen, fällt unser Statusgefühl unterschiedlich aus – und damit unser Statusverhalten.

Deswegen unterteile ich das Statusverhalten in inneres und äußeres Statusverhalten.

2.1 So entsteht Statusverhalten

Wir nehmen immer nur einen Ausschnitt der Realität wahr. Denn das Wahrgenommene wird durch unsere individuellen inneren Filter verarbeitet und bewertet, bevor wir eine bewusste Entscheidung über unser Verhalten treffen. Auch unser Statusverhalten basiert auf dem inneren Erleben einer Situation und wird bestimmt von unserer Bewertung in Abhängigkeit von ...

- unseren Werten und Glaubenssätzen,
- dem, was wir über uns selbst denken,
- unserer Einstellung zu anderen Menschen,
- den Zielen, die wir verfolgen,
- und den entstehenden Emotionen.

In Anlehnung an Modelle und Methoden, die ich bei meinem NLP-Lehrer Ralf Stumpf gelernt habe, habe ich ein Modell des Statusverhaltens entwickelt. Danach entsteht unser Statusverhalten in fünf Schritten:

Situation/Verhalten des Gegenübers:
❶ Was ist geschehen? Wie interpretiere ich Situation + Verhalten?
Innerer Status:
❷ Gedanken über den anderen   Werte ❸ Selbstbild   Glaubenssätze ❹ Status-Strategie (Ziele)   Gefühle
Äußeres Statusverhalten:
❺ Welches äußere Verhalten wäre hier hilfreich?

Sehen wir uns die Schritte etwas näher an:

Schritt 1: Was ist geschehen? Wie interpretiere ich Situation + Verhalten?

Unser Gehirn nimmt automatisch alle Informationen von außen auf. Wir sehen, hören und fühlen, was um uns abläuft. Je nachdem, wie wir die Eindrücke interpretieren, nehmen wir die Situation wahr.

Sie stehen an der Supermarktkasse und legen Ihre Einkäufe aufs Band. Ihr Einkaufswagen ist noch halb voll. Trotzdem fängt der Mann hinter Ihnen schon an, seine Sachen aufzulegen. Sie sehen, dass Sie mit dem Ihnen verbleibenden Platz niemals auskommen werden.

Als Erstes nehmen wir das Verhalten des anderen wahr, interpretieren und bewerten es danach, ob wir es in dieser Situation für angemessen halten.

Sie interpretieren das Verhalten des „Kassen-Verfolgers" als unangemessen. Die übliche Verhaltensweise wäre ja, zu warten, bis Sie alles auf das Band gelegt haben, und dann erst zu beginnen, eigene Ware aufzulegen.

Schritt 2: Gedanken über den anderen

Dann machen wir uns Gedanken über den anderen. Wir stellen Vermutungen an über seine Ziele, seine Motive und darüber, wie er die Beziehung und das Status-Verhältnis untereinander sieht. Das basiert auf unserem

Menschenbild und den Überzeugungen, was wir für richtig oder falsch halten, für wie wichtig wir uns selbst und andere Menschen im Vergleich zu uns selbst sehen.

Sie könnten denken, dass der Mann hinter Ihnen einfach nur unachtsam ist. Sie könnten aber auch denken, dass er Sie bedrängen will und dass es ihm egal ist, wie es Ihnen dabei geht. Weil er sich selbst für wichtiger hält.

Wichtig ist hierbei, sich klarzumachen, dass Sie nicht wissen können, ob diese Vermutungen tatsächlich stimmen. Es gibt nämlich nie nur eine Wahrheit! Sie können sich angewöhnen, Ihre ersten Interpretationen zu hinterfragen. Das bewahrt Sie davor, voreilige Rückschlüsse zu ziehen und unangemessen zu reagieren.

Schritt 3: Selbstbild

Nun ordnen wir uns selbst in die Situation ein. Hier kommt besonders zum Tragen, wie wir über uns denken: Wie sehe ich mich in dieser Situation? Welche Rolle erfülle ich? Was glaube ich über mich selbst? Wie sehe ich mich im Vergleich zu anderen? Für wie wichtig halte ich mich und meine Belange? Hier spielen unsere Glaubenssätze eine zentrale Rolle.

Je nachdem, wie Sie sich selbst sehen, könnten Sie denken, dass der Mensch hinter Ihnen wirklich wichtiger ist als Sie. Sie können aber auch denken, dass Sie wichtiger sind. Oder Sie begreifen sich als gleichberechtigt.

Abhängig von der jeweiligen Interpretation könnten Sie entweder den Wunsch nach Rache, das Bedürfnis, schnellstens zu verschwinden, oder Gelassenheit verspüren.

Schritt 4: Ziele und Status-Strategie

Nach diesen Bewertungen auf der Basis unserer Werte und Überzeugungen und aufgrund der entstandenen Gefühle entscheiden wir über unsere Status-Strategie. Nicht immer bewusst! Da wollen wir gern hinkommen. Oft laufen diese Überlegungen noch in Windeseile und ganz automatisch ab. So oder so, wir positionieren uns und entscheiden, was wir erreichen wollen.

Sie entscheiden: Wollen Sie dominant auftreten und die Person auffordern, gefälligst zu warten, bis sie dran ist? Wollen Sie sich lieber um „des lieben Friedens willen" zurücknehmen und sich beeilen? Oder wollen Sie darauf hinweisen, dass Sie noch nicht fertig sind, weil Sie davon ausgehen, dass es ein Missverständnis ist?

Schritt 5: Statusverhalten

Aus der erfolgten Selbstpositionierung entsteht schließlich das Status*verhalten*, mit dem Sie Ihre Status-Strategie für Ihr Gegenüber sicht- und hörbar machen. Das sehen wir uns im Kapitel 2.3 genauer an.

Wenn man das eigene Statusverhalten nachvollziehen und verändern will, reicht es bei Weitem nicht, sich auf das äußere Verhalten zu konzentrie-

ren. Es ist vielmehr wesentlich wichtiger, erst die inneren Vorgänge zu untersuchen. Denn auf deren Basis entsteht erst das äußere Statusverhalten.

2.2 Der innere Status

Zwischen dem Erleben der Situation und unserem Statusverhalten steht also der innere Status. Dieser hängt stark von unseren Werten und Glaubenssätzen ab, aus denen wir die Regeln ableiten, nach denen wir leben und die unser Bild von der Welt prägen.

Werte

Werte sind die Richtschnur, an der wir uns im Leben orientieren. Sie sind Resultat unserer Erziehung und unserer Lebenserfahrungen. Sie bestimmen, was wir für richtig oder falsch halten, und beeinflussen jede unserer Entscheidungen. Sie beantworten die Frage: Was ist mir im Leben wirklich wichtig?

Je wichtiger uns bestimmte Werte sind, desto weniger tolerieren wir das Verhalten anderer, wenn es diesen Werten widerspricht.

Übung 3:
Welche Werte sind Ihnen wichtig – im Leben und im Miteinander mit anderen? Zum Beispiel Anerkennung, Harmonie, Aufrichtigkeit, Treue, Gerechtigkeit.
@Ein hilfreiches Arbeitsblatt dazu finden Sie auf: www.natalieschnack.de/werte.pdf

Glaubenssätze

Glaubenssätze sind tief verankerte individuelle Überzeugungen über uns selbst und die Welt, deren Wahrheitsgehalt meist nicht überprüft wird. Es gibt offensichtliche Glaubenssätze, die man jeden Tag ausspricht oder laut denkt, und unbewusste Überzeugungen, deren Entstehung bis in Kindheit zurückreicht.

Beispiele für Glaubenssätze:

negativ	positiv
– Alle Menschen wollen mir Böses.	– Die meisten Menschen sind gut.
– Ich bin unwichtig.	– Ich bin wertvoll.
– Ich muss mich anpassen und darf nicht auffallen.	– Ich kann für mich und meine Anliegen einstehen.

Diese Beispiele sind extreme Gegenpole, es gibt eine Menge Zwischenstufen. Doch sie alle haben einen wesentlichen Einfluss darauf, wie wir uns verhalten. Wer glaubt, dass alle Welt gegen ihn ist, reagiert mit Misstrauen und Abwehr. Jemand, der glaubt, beliebt zu sein, begegnet anderen selbstsicher und offen.

Ganz besonders wirken sich tief in uns verankerte Glaubenssätze auf unseren Selbstwert aus, denn Status und das daraus resultierende Statusverhalten gründen darauf, inwiefern wir uns selbst für wichtig und respektwürdig erachten. Wer sich besser behaupten möchte, muss diesen verinnerlichten Überzeugungen auf den Grund gehen.

Keine Sorge! Es geht nicht darum, von heute auf morgen einen Schalter umzulegen. Es geht erst einmal darum, sich Ihrer Glaubenssätze bewusst zu werden.

Übung 4:

Was waren geflügelte Worte in Ihrer Familie? Wie denken Sie über sich? Wie denken Sie über andere?

@ Ein hilfreiches Arbeitsblatt dazu finden Sie auf: www.natalieschnack.de/glaubenssaetze.pdf

Gefühle

Je nachdem, wie sehr andere unseren Werten entsprechen, entwickeln wir bestimmte Gefühle.

Werden unsere Werte erfüllt:	Verhält sich jemand entgegen unseren Werten:
= gute Gefühle, z. B.	**= schlechte Gefühle,** z. B.
Wir werden anerkannt.	Wir werden missachtet.
Wir werden verstanden.	Wir sind frustriert.
Wir sind gelassen.	Wir ärgern uns ...
Wir sind sicher.	... oder sind traurig.
Wir mögen den anderen,	Wir haben Angst ...
der unsere Werte teilt.	oder hassen den anderen.

Stolz und Scham sind die wichtigsten Emotionen im Zusammenhang mit Status. Sie sind zwei Seiten einer Medaille. Wir empfinden Stolz, wenn ...

- wir uns wichtig fühlen,
- andere uns in unserer Wichtigkeit bestätigen,
- wir das annehmen können.

Scham hingegen macht sich breit, wenn ...
- uns signalisiert wird, dass wir unwichtig sind,
- oder wir die uns von außen zugesprochene Wichtigkeit nicht akzeptieren können,
- wir uns innerlich eigentlich unwichtig fühlen.

Scham ist ein Warnsignal. Sie verdeutlicht uns, dass unsere Sicht auf die Welt, von anderen und von uns selbst nicht mit unseren momentanen Erfahrungen übereinstimmt.

Sie ist eine mächtige negative Emotion, die uns als Person infrage stellt. Die Scham ist oft mit Angst verbunden, vor allem mit der Angst vor Ablehnung („das Gesicht verlieren"/„sich blamieren"), denn sie entsteht immer in der Interaktion mit anderen Menschen.

Scham hat viele Masken. Aus Angst, nicht gut genug zu sein, aus Angst vor Enthüllung des tatsächlichen Status entstehen verschiedene Verhaltensmuster:
- Einige Menschen machen sich größer, als sie sind, aus Angst vor Statusverlust.
- Andere machen sich klein, um möglichst „unter dem Radar" zu fliegen und nicht weiter aufzufallen.
- Und manche verhalten sich beschämend, indem sie andere herabsetzen, um sich selbst aufzuwerten und eigene Minderwertigkeitsgefühle zu kompensieren.

Darum sind die lautesten, dominantesten Menschen in Wahrheit oft sehr unsicher, was man auf den ersten Blick gar nicht sieht!

Stolz hingegen hat nichts mit Angeberei oder unangemessenem Eigenlob zu tun, sondern mit dem guten Gefühl, dass man sich, seine Ansichten und Erfahrungen wertschätzt und sich selbst anerkennen kann. Das heißt nicht, dass Sie alles an sich gut finden sollen. Es bedeutet nur, dass Sie wahrnehmen, wer Sie sind und was Sie gut können. Dass Sie sich selbst den Rücken stärken. Dieses innere Fundament sorgt für eine gesunde Selbstsicherheit. Das Wissen um den Status und die Fähigkeit, sich künftig immer besser zu behaupten (auf gute Art!), helfen Ihnen, dieses Fundament zu stärken.

Respekt

Natürlich ist ein respektvoller Umgang die Ausgangslage dafür, dass wir uns selbst und anderen auf Augenhöhe begegnen können. Doch was ist genau gemeint? Respekt ist die innere Einstellung gegenüber Menschen auf Basis eigener Werte und Glaubenssätze und drückt sich in unterschiedlichen Formen aus:

- Achtung und Höflichkeit,
- Anerkennung der Gleichwertigkeit,
- Autorität aufgrund der Fähigkeiten und Leistungen,
- Toleranz der Besonderheiten und Eigenarten.

Ich unterscheide zwischen dem Respekt vor dem Ich, der sich im Selbstwertgefühl äußert, und dem Respekt vor dem Du, der anderen entgegengebracht wird. Dieser Zusammenhang zwischen Selbstwert (Respekt vor dem Ich) und Respekt (Respekt vor dem Du) er-

klärt auch den Einfluss des Respekts auf die Ausprä-
gung des Statusverhaltens, und zwar sowohl beim Tief-
als auch beim Hochstatus:

- **Status: + Respekt (Ich) + Respekt (Du)**
  Je mehr Respekt eine Person sich selbst und dem
  anderen entgegenbringt, umso mehr geht es ihr darum, auf sich selbst und den anderen zu achten.
  Hochstatus: Die Person ist souverän und legt Wert
  darauf, den anderen von eigenen Zielen zu überzeugen, statt ihn einfach zu dominieren.
  Tiefstatus: Die Person weiß um ihre Qualitäten,
  nimmt sich selbst nicht allzu wichtig und möchte den
  anderen bei seinen Vorhaben unterstützen.

- **Status: + Respekt (Ich) – Respekt (Du)**
  Die Person weiß sich selbst zu schätzen. Doch Respekt dem anderen gegenüber: Fehlanzeige.
  Hochstatus: Es geht darum, den anderen zu dominieren, eigene Belange und Ziele um jeden Preis und
  ohne Rücksicht auf den anderen zu erreichen.
  Tiefstatus: Die Person weiß um ihre Qualitäten,
  nimmt sich jedoch zurück. Und da sie den anderen
  nicht respektiert, braucht dieser nicht mit ihrer Unterstützung oder Anerkennung zu rechnen.

- **Status: – Respekt (Ich) + Respekt (Du)**
  Dem anderen wird Wertschätzung entgegengebracht.
  Bei sich selbst ist man weniger großzügig.
  Hochstatus: Intoleranz und mangelnde Anerkennung
  sich selbst und Aufmerksamkeit dem anderen gegen-
  über – man möchte den Partner für sich und seine

Ziele ohne „Brechstange" gewinnen, vernachlässigt dabei aber eigene Belange.

Tiefstatus: Die Person hat Schwierigkeiten, sich selbst mit Respekt zu betrachten, passt sich dem an, was der andere will, ist gern bereit, andere bei der Erreichung ihrer Ziele zu unterstützen.

- **Status: – Respekt (Ich) – Respekt (Du)**
  Je weniger Respekt bzw. Selbstwert jemand hat, umso schwieriger ist der Umgang mit dieser Person.
  Hochstatus: Toleranz und Anerkennung fehlen, das Miteinander ist unwichtig. Es geht darum, Ziele zu erreichen, ohne Rücksicht auf die Befindlichkeiten, weder der eigenen noch der des anderen. Basta!
  Tiefstatus: Kein Respekt, nirgends. Misstrauen macht sich breit. Die Person sieht wenig Veranlassung, sich selbst für etwas einzusetzen oder den anderen bei seinem Vorhaben zu unterstützen. Eigentlich ist ihr alles egal und sie fühlt sich als Opfer.

Natürlich handelt es sich hier um Extreme. In der Realität bewegen wir uns in allen vier Feldern. Die Unterschiede liegen in der Intensität dieser Ausprägungen, abhängig von unserer Bewertung der Situation.

Wir bewerten Situationen auf Grundlage unserer Werte und Überzeugungen. Auf dieser Basis entstehen Gefühle. Diese entscheiden wesentlich über unser Status-Empfinden und Statusverhalten. Die Grundlage für Selbstsicherheit und Begegnungen auf Augenhöhe ist Respekt.

2.3 Der äußere Status

Der „äußere Status" ist unser nach außen sichtbares Verhalten – und das, was wir bei anderen wahrnehmen. Basierend auf unserem inneren Status senden wir Signale, die unseren gefühlten Status manifestieren.

Meist sind uns diese Signale gar nicht bewusst, genauso wie wir sie bei anderen oft nur intuitiv wahrnehmen. Deswegen ist es wichtig, zu lernen, diese Signale bewusst wahrzunehmen. Das gibt Ihnen die Möglichkeit, Situationen besser einzuschätzen und Ihre eigene Reaktion darauf zu verstehen und aktiv zu steuern.

Status-Signale werden verbal und nonverbal gesendet. Die meisten Status-Signale sind jedoch nonverbaler Natur. Zwar gibt es Tendenzen, welche Signale für den jeweiligen Status typisch sind, doch man kann den Status niemals anhand von einzelnen, aus dem Kontext gerissenen Kennzeichen bestimmen. Stattdessen muss der Gesamtzusammenhang betrachtet werden:

- Die Situation/Die Beteiligten
- Die verbalen und nonverbalen Signale
- Die Intention

So können Sie noch so viele Hochstatus-Signale senden: Wenn Sie es mit einem Partner zu tun haben, der noch dominantere Hochstatus-Signale zeigt, stellt sich die Frage, ob Sie immer noch im Hochstatus sind. Das Gleiche gilt auch für den Tiefstatus. Denken Sie an eine Oma, die immer krank und gebrechlich ist. Sie sendet für sich genommen nur Tiefstatus-Signale. Doch wenn sich alles um sie und ihre Krankheit dreht, ist sie dann immer noch im Tiefstatus?

Es geht also meist nicht darum, wer Hochstatus- und wer Tiefstatus-Signale sendet, sondern darum, wer tendenziell die Situation bestimmt. Dabei sind meist kleine Unterschiede ausschlaggebend. Deswegen: Achtung vor einer eindimensionalen Bewertung!

„Verräterische" Status-Signale

Es gibt Signale, die bei der Beurteilung des Statusverhaltens besondere Aufmerksamkeit verdienen:

- Kopfhaltung
- Körperhaltung/-spannung
- Mimik und Blickkontakt
- Gestik und Bewegungen
- Stimme, Sprache und Inhalt
- Raumnutzung und Distanzverhalten

Probieren Sie es doch einfach selbst aus: Stellen Sie sich vor einen Spiegel und machen Sie einen kleinen Test. Und bitte: Machen Sie ihn aus voller Überzeugung!

Übung 5:

1. Denken Sie und sagen Sie laut den Satz: „Ich bin wirklich wichtig!" Wiederholen Sie den Satz so lange, bis Sie ihn wirklich glauben. Machen Sie ein paar Bewegungen, gehen Sie durch den Raum. Stellen Sie sich vor, Sie sprächen mit einer Person: Wie verhalten Sie sich, was sagen Sie und wie

sagen Sie es, wohin schauen Sie? Beobachten Sie Ihr Verhalten anhand der Status-Signale.
2. Denken Sie und sprechen Sie laut den Satz: „Ich bin nicht so wichtig!" Verfahren Sie genauso wie mit dem ersten Satz und beobachten Sie Ihr Verhalten anhand der Status-Signale.

Merken Sie die Unterschiede? Was verändert sich?

Die meisten Menschen spüren und sehen folgende Unterschiede, und seien sie noch so minimal:

	„Ich bin wichtig"	„Ich bin nicht so wichtig"
Kopf	Kinn hoch	Kinn tief
Körperhaltung/ -spannung	hohe Spannung, gerader Rücken	wenig Spannung, Schultern hängen
Mimik	ernst	freundlich
Blickkontakt	Blick nach oben	Blick nach unten
Gestik und Bewegungen	groß	nicht so groß
Stimme	laut, deutlich	leise
Raumnutzung, Distanzverhalten	viel Raum wird in Anspruch genommen, große Gesten	wenig Raum wird in Anspruch genommen

Alles, was wir denken, wird nach außen sichtbar: Das haben Sie im Laufe der Übung selbst erlebt. So können Sie anhand eines einfachen Gedankens, in dem sich Ihre

Einstellung zu sich selbst widerspiegelt, eine körperliche Veränderung herbeiführen. Diese Tatsache können Sie für sich nutzen.

Es gibt Situationen, in denen ist es wichtig, sich „größer" zu machen und so in den Hochstatus zu gehen, etwa wenn es darum geht, sich gegenüber Menschen, die einen dominieren wollen, zu behaupten. Oder Sie können sich bewusst in den Tiefstatus bringen, z. B. wenn Sie einem anderen den Vortritt lassen. Das erreichen Sie, indem Sie sich körperlich etwas zurücknehmen. Wenn Sie dies bewusst und in Würde tun, dann wirken Sie dabei sehr souverän.

Deutung des Statusverhaltens

Der jeweilige Status von zwei Gesprächspartnern lässt sich anhand folgender Kriterien deuten:

1. Situation/Beteiligte

- Wer sind die beiden? Welche Rollen nehmen sie gerade ein?
- Was ist die Situation? Worum geht es?
- Wer ist in dieser Konstellation im höheren, wer im tieferen Status?

2. Status-Signale

- Welche Status-Signale senden sie? Wer sendet „größere" Signale, wer eher „kleinere"? (Siehe dazu auch die oben genannten Status-Signale.)
- Wem würden Sie anhand dieser Status-Signale einen höheren, wem einen tieferen Status zusprechen?

3. Intention
- Was, denken Sie, möchte jeder von ihnen erreichen?
- Wer bestimmt nach Ihrem Eindruck die Situation? Um wessen Belange geht es hier eher?
- Wessen Ziele werden hier eher erreicht?
- Wer beansprucht mehr Aufmerksamkeit?

Betrachten Sie das alles zusammen, so können Sie eindeutig bestimmen, wer von den beiden Kommunikationspartnern eher den Hoch-, wer eher den Tiefstatus in dieser Situation innehat. Da der Status fließend ist (s. Kap. 1.3, Status-Wippe), kann er sich jedoch von einem Moment auf den anderen verändern.

> **Übung 6:**
> Beobachten Sie ab heute neugierig Menschen in Gesprächen und deuten Sie, welchen Status sie haben. Das hilft Ihnen, zu lernen, den Status von anderen Personen künftig schneller zu bestimmen und selbst entsprechend zu reagieren.

Authentisch sein?

Jetzt könnte man denken, dass man einfach ungefiltert das, was sich im Inneren abspielt, nach außen signalisieren soll. Das wäre authentisch, oder? Es gibt aber Situationen, die ein Verhalten erfordern, das nicht damit übereinstimmt, wie man sich gerade fühlt.

Wenn Sie z. B. ein Kundengespräch führen müssen, Ihnen aber innerlich zum Heulen ist, wäre es unprofessionell, in Tränen auszubrechen. Oder wenn Sie sich großartig fühlen, der Gesprächspartner aber gerade eine für ihn schwierige Situation schildert. Dann ist es sinnvoll, sich selbst zurückzunehmen und sich auf den Gesprächspartner einzulassen. Man nennt das Empathie oder emotionale Intelligenz.

Der innere Status muss also nicht immer dem äußeren Statusverhalten entsprechen. Man kann Status-Zustände in folgende Kombinationen unterteilen:

| innen hoch – außen hoch | innen tief – außen hoch |
| innen hoch – außen tief | innen tief – außen tief |

Fall 1: innen hoch – außen hoch

Ist jemand sowohl innen als auch außen im Hochstatus, dann wirkt er erhaben, wie jemand, der genau weiß, wer er ist, was er will, und das auch durchzieht. Die Person weiß, dass sie wichtig ist, und macht daraus kein Geheimnis. Sie sorgt mit ihrem dominanten Verhalten für die ihr zustehende Autorität. Die eigenen Ziele sind vorrangig.

Je nachdem, welche Rolle hier der Respekt spielt, wird sich diese Person entweder egoistisch und siegessicher, ggf. sogar ohne Rücksicht auf Verluste verhalten. Oder sie wird wertschätzend die Führung beim Erreichen ihrer Ziele übernehmen.

Fall 2: innen tief – außen hoch

Wenn man innerlich im Tiefstatus ist, sich also unterlegen fühlt, und dennoch versucht, diese gefühlte Unterlegenheit zu überspielen, wird es anstrengend. Denn man muss mit dem Hochstatusverhalten, das nicht der inneren Haltung entspricht, diese Lücke kompensieren.

Nun kommt es wieder darauf an, welche Rolle der Respekt spielt. So wird sich eine Person mit der pessimistischen inneren Haltung oft überheblich, arrogant oder sogar aggressiv verhalten. Ist die Person auf Anpassung aus, wird sie eher ein Pokerface aufsetzen und sich an ein Alphatier halten, um von dessen Status zu profitieren. Es wird alles dafür getan, sich Autorität zu erkämpfen und Überlegenheit zu demonstrieren.

Eine weitere Belastung ist hier, dass man dazu neigt, sich ständig mit anderen zu vergleichen und sich selbst und andere zu bewerten: Wie komme ich an? Merkt auch keiner etwas? Wie wirke ich? Denn die Angst vor Enttarnung und damit vor Status-Verlust ist sehr präsent.

Es gibt sicher keinen Menschen, der nicht schon mal so getan hat „als ob". Schwierig wird es dann, wenn es zur Normalität wird. Denn sich ständig zu verstellen, ist sehr anstrengend und lässt sich nicht auf Dauer verbergen. Wir Menschen haben feine Antennen für solche Unstimmigkeiten.

Fall 3: innen hoch – außen tief

Ist die Person innerlich im Hochstatus, sendet nach außen aber Tiefstatus-Signale, dann hält sie sich bewusst zurück, um ihre Überlegenheit nicht zu demonstrieren. Sie ordnet sich absichtlich unter, um dennoch am Ende eigene Ziele zu erreichen. Wer so handelt, weiß genau, was er tut, und gibt gleichzeitig dem Gesprächspartner das Gefühl, wichtig zu sein. Je nachdem, ob dieses Verhalten wertschätzend oder egoistisch motiviert ist, unterscheiden sich auch die angestrebten Ziele.

Ein solches Verhalten kommt z. B. dann zum Tragen, wenn man mit Kindern oder anderen Personen, die einem eigentlich unterlegen sind, respektvoll und auf Augenhöhe umgeht.

Menschen, die sich geschickt auf diese Art verhalten, sind oft angenehme Gesprächspartner, denn sie geben dem anderen das Gefühl, etwas Besonderes zu sein.

Es gibt jedoch auch Personen, die auf diese Weise andere manipulieren wollen. Hochstapler und Heiratsschwindler machen genau das: Sie lassen sich bewusst ganz auf die Bedürfnisse einer anderen Person ein. Wenn Sie das merken, ist Vorsicht geboten!

Fall 4: innen tief – außen tief

Wer innerlich im Tiefstatus ist und diesen auch nach außen zeigt, kann je nach seiner Haltung liebenswert und gefällig oder unsicher und misstrauisch wirken. Denn er hält sich für nicht wichtig bzw. den Gesprächspartner für wichtiger als sich selbst. Eigene Ziele und Bedürfnisse stehen hier eher im Hintergrund.

Die Priorität liegt entweder darauf, Nähe, Harmonie und Sympathie zu erzeugen. Dann erleben Partner einen als harmlos, rücksichtsvoll und hilfsbereit. Oder man strahlt Hoffnungslosigkeit und Skepsis aus, hält sich aus allem heraus und ist eher unbeteiligt.

Auch wenn es hier um eine eher holzschnittartige Unterscheidung der verschiedenen Status-Zustände geht, kennt wohl jeder alle diese Ausprägungen, sowohl von sich selbst als auch von anderen. Sie alle haben ihre Berechtigung, es gibt hier kein Richtig oder Falsch. Auch das Verhältnis von Innen und Außen ist fließend: Die Zustände selbst und auch ihre Signale nach außen können je nach den Umständen wechseln.

- *Statusverhalten ist der Ausdruck der eigenen Persönlichkeit und der daraus resultierenden angewöhnten Verhaltensweisen.*
- *Statusverhalten entsteht im Inneren und wirkt nach außen.*
- *Zum inneren Status gehört die Wahrnehmung und Bewertung der Situation und des Verhaltens des Gesprächspartners sowie die eigene Reaktion darauf.*
- *Neben der Einstellung zum anderen und zu sich selbst beeinflussen die eigenen Werte und Glaubenssätze das Statusverhalten.*
- *Die Status-Signale müssen immer als ein Gesamtes betrachtet werden.*
- *Im Augenhöhe-Status kann die gesamte Palette der Status-Signale bedient werden.*
- *Es wird zwischen dem inneren und äußeren Status unterschieden. Es gibt vier verschiedene Kombinationsmöglichkeiten, die das Statusverhalten bestimmen.*

30 MINUTEN

Welche Lebensrollen beeinflussen mich?

Seite 48

Wo ist meine Status-Komfortzone?
Seite 54

Wie erweitere ich meine Status-Komfortzone?

Seite 60

3. Ihr persönlicher Status

Jetzt wird es spannend! Denn nun erfahren Sie ...
- Ihren eigenen Grundstatus,
- was es mit Ihrer ganz persönlichen Status-Komfort-zone auf sich hat
- und wie Sie diese Komfortzone erweitern können.

Sie wissen ja: Wenn Sie sich mit dem Status-Modell künftig besser behaupten wollen, heißt es, Ihren eigenen und den Status anderer nicht nur zu erkennen, sondern virtuos die verschiedenen Status-Ebenen wechseln zu können. Wie immer müssen wir uns dazu erst einmal den Ist-Zustand bewusst machen.

3.1 Ihre Lebensrollen

Wir alle haben ein Status-Empfinden, das ständig im Wandel ist, je nachdem, wie die Rahmenbedingungen sind, mit welchem Gegenüber wir es zu tun haben, worum es geht und wie wir uns dabei fühlen. So erleben viele sich selbst z. B. im beruflichen oder privaten Kontext jeweils unterschiedlich. Und dann ist es auch noch etwas anderes, ob man mit Kollegen oder dem Vorgesetzten zu tun hat. Privat wird man sich als Elternteil anders erleben und verhalten als gegenüber dem Ehepartner. Als Freund verhält man sich anders als gegenüber Nachbarn. Als Bruder anders als in der Rolle des Sohns. Als Vorgesetzte anders als in der Position der Untergebenen. All diese Lebensrollen kann eine einzelne Person erfüllen, obwohl jede Rolle eine andere Verhaltensweise erfordert und wir unseren eigenen Status in diesen Rollen ganz unterschiedlich wahrnehmen.

Gleich werden Sie sehen, dass Sie in vielen Situationen Ihres Lebens automatisch in den Hochstatus gehen oder sich gegenüber anderen Menschen möglicherweise dauerhaft im Tiefstatus befinden (z. B. wenn jemand sehr autoritätshörig oder ein Partner sehr dominant ist).

Selbst-Check: Ihr Lebensrollen-Statusverhalten

Sie brauchen ein paar Blätter Papier (DIN A4 oder größer) und einige bunte Stifte.

Schritt 1: Ihre Lebensbereiche

Ihr Leben teilt sich in verschiedene Bereiche auf. Bei den meisten Menschen gibt es vor allem folgende Bereiche:

- Partnerschaft/eigene Familie
- Ursprungsfamilie und Verwandtschaft
- Beruf
- Freundeskreis
- weitere soziale Kontakte: Bekannte, Nachbarn ...
- Hobby, Freizeit

Nehmen Sie jeweils ein Blatt Papier im Querformat und schreiben Sie ganz oben als Überschrift den jeweiligen Lebensbereich auf. Wenn Sie berufstätig sind, gibt es also ein Blatt „Beruf". Leben Sie in einer Beziehung, gibt es ein Blatt „Partnerschaft" bzw. wenn Sie eine eigene Familie haben „Meine Familie". Lassen Sie weg, was nicht zutrifft, und ergänzen Sie, wenn etwas fehlt (z. B. wenn Sie sich ehrenamtlich in verschiedenen Vereinen oder Initiativen engagieren).

Schritt 2: Die Rollen, die Sie einnehmen

In den verschiedenen Lebensbereichen erfüllen wir unterschiedliche Lebensrollen. Welche das sind und wie wir diese sehen, prägt uns und unser Leben. Deshalb ist es wichtig, sich erst einmal darüber klar zu werden, welche Rollen wir erfüllen und was sie uns bedeuten. Gehen Sie nun Ihre Lebensbereiche durch und notieren Sie auf dem jeweiligen Blatt, welche Rollen Sie jeweils konkret in diesem Lebensbereich einnehmen. In einigen dieser Bereiche – besonders in den privaten – können Sie bereits verschiedene Personen konkret zuordnen. Ihr Blatt „Meine Familie" könnte beispielsweise so aussehen:

	Meine Familie		
Person:	Frank	Susanne	Christian
Meine Rolle:	Partnerin	Mutter	Mutter

Das machen Sie für jeden Ihrer Lebensbereiche. Lassen Sie unten genug Platz in den Tabellen, weil wir diese noch ergänzen werden. Denken Sie dabei auch an grundsätzliche Rollen wie z. B. „Mitarbeiter" im Verhältnis zum Chef oder „Kollege" im Verhältnis zum Rest der Belegschaft.

Mögliche Rollen könnten sein:
- Vater, Mutter, Sohn, Tochter, Bruder, Schwester
- Angestellter, Vorgesetzter, Kollege
- Gremienmitglied, Politiker
- Kunde, Verkäufer
- Freund, Bekannter, Nachbar
- Kegelbruder

Schritt 3: Ihr Lebensrollen-Status

Je nachdem, welche Rolle Sie gerade erfüllen, unterscheiden sich auch Ihr gefühlter (innerer) und gezeigter (äußerer) Status. Bestimmte Konstellationen begünstigen einen bestimmten Status. So ist es beispielsweise oft so, dass der Kunde einen höheren Status hat als der Verkäufer, der Chef einen höheren Status als der Mitarbeiter. Eltern und Kinder haben meist ebenso ein klares Status-Verhältnis.

Betrachten Sie jede einzelne Ihrer Lebensrollen und überlegen Sie sich:

- Was ist mein innerer Status dieser Person gegenüber?
- Wie verhalte ich mich äußerlich in dieser Lebensrolle (Statusverhalten)?

Wenn Sie nicht mehr genau wissen, was die Unterschiede sind, lesen Sie bitte vor der Übung noch einmal den Abschnitt 2.3, wo diese Kombinationen genau erklärt sind:

innen hoch – außen hoch	innen tief – außen hoch
innen hoch – außen tief	innen tief – außen tief

Bitte seien Sie ehrlich mit sich selbst! Denn es kann gut sein, dass Sie sich bei einigen dieser Rollen nicht wohlfühlen, wenn Ihnen beispielsweise auffällt, dass Sie einer bestimmten Person gegenüber grundsätzlich im Hochstatus sind oder sich anderen Menschen Ihres Umfelds gegenüber automatisch in den Tiefstatus begeben. Aber darum geht es ja gerade bei diesen Überlegungen: dass Sie eine klare Ist-Analyse machen, auf der Sie aufbauen können!

Ihre Notizen könnten so aussehen:

Meine Familie		
Person: Frank	Susanne	Christian
Meine Rolle: Partnerin	Mutter	Mutter
Mein Status: innen: hoch außen: tief	innen: hoch außen: hoch	innen: hoch außen: hoch

Die Frau in diesem Beispiel fühlt sich innerlich ihrem Partner gegenüber überlegen, verhält sich aber im Tiefstatus, das heißt, sie lässt ihn bewusst „Herr im Haus" sein. Ihren Kindern gegenüber nimmt sie innerlich und äußerlich die Mutterrolle im Hochstatus an: „Ich bin die Mama, ich sage wo es langgeht."

Das muss übrigens nicht so sein. Es gibt viele Mütter, deren Kinder den Hochstatus einnehmen. Die „offizielle Funktion" begünstigt zwar, wie gesagt, einen bestimmten Status, das heißt jedoch nicht, dass er auch eingenommen wird.

Auch eine Führungskraft kann von ihrer Funktion her einen Hochstatus haben, jedoch sowohl innerlich als auch in ihrem Verhalten gegenüber den Mitarbeitern im Tiefstatus sein – etwa wenn sie den Mitarbeitern gegenüber ängstlich ist oder sich fachlich unterlegen fühlt.

Ihre qualitative Bewertung

Schon beim Ausfüllen Ihrer Tabellen wird Ihnen das eine oder andere Mal ein Licht aufgegangen sein. Denn

Sie sehen bereits jetzt, wie oft Sie im Alltag Ihren Status wechseln. So sind Sie dem eigenen Kind gegenüber z. B. im Hoch/Hoch-Status – einer Freundin gegenüber, die eher dominant ist, sind Sie gleichzeitig im Tief/Tief-Status, weil Sie sich ihr nicht gewachsen fühlen. Den eigenen Eltern gegenüber sind Sie vielleicht im Hoch/Tief-Status, weil Sie keinen Stress wollen ...

Dennoch zeigen sich bei dieser Analyse klare Tendenzen, etwa weil Sie besonders oft den Tief- bzw. den Hochstatus fühlen oder sich so verhalten. Und diesen „Grundstatus" ermitteln wir u. a. mit dieser Übung.

Nehmen Sie Ihre farbigen Stifte zur Hand und machen Sie sich nun pro Bereich, aber auch lebensbereichübergreifend auf die Suche nach Mustern:

- Gehen Sie erst Ihren inneren (also gefühlten) und dann den äußeren (also gezeigten) Status durch: Sind Sie besonders oft im Tief- oder im Hochstatus?
- Merken Sie, dass in bestimmten Lebensbereichen der Tief- oder Hochstatus dominiert (entweder nur der innere oder auch Ihr nach außen gezeigtes Statusverhalten)? Markieren Sie beim Durchgehen auch direkt, mit welchen Status-Kombinationen Sie zufrieden sind oder was Sie als ungut empfinden und dringend verändern möchten.
- Markieren Sie alle gleichen Kombinationen, z. B. innen hoch/außen hoch oder innen hoch/außen tief usw. mit der gleichen Farbe. Die Kombinationen, die sich besonders häufig zeigen, geben Ihren Grundstatus wieder.

30 *Unser Status variiert je nach der Rolle, die wir im Leben innehaben. Tritt man in einer Rolle eher im Hochstatus auf, so kann es durchaus sein, dass in einer anderen der Tiefstatus öfter an der Tagesordnung ist. Kennt man die eigenen Tendenzen, also welchen Status man am häufigsten über alle Lebensbereiche hinweg hat, so weiß man, welcher der eigene Grundstatus ist.*

3.2 Ihre Status-Komfortzone

Unabhängig von unseren verschiedenen Rollen hat jeder Mensch einen Grundstatus, in dem er sich meistens oder sehr oft wiederfindet. Sehr gut zu erkennen ist dieser bei sich selbst an solchen Sätzen wie „Immer, wenn X zu mir sagt ..., dann reagiere ich ..." oder „Immer, wenn ich mit Y zu tun habe, fühle ich mich ...". Das ist auch logisch, denn man bewertet die Situationen meist auf die gleiche Art, auf der Basis der eigenen Werte und Glaubenssätze und somit des eigenen Selbstwerts und der Sicht auf sein Umfeld.

Das Statusverhalten ist deshalb abhängig vom eigenen Verhaltensrepertoire, unseren gewohnten Reaktionen und Verhaltensweisen. Wenn eine Situation ähnlich einer bereits erlebten ist, dann greifen wir auf ein gewohntes Verhalten zurück, oft ohne es zu wollen. Um das eigene Statusverhalten bewusst zu gestalten, ist es daher wichtig, den eigenen Grundstatus zu kennen.

Mit dem Selbstcheck in Kapitel 3.1 haben Sie Ihren Grundstatus ermittelt. Ihr Grundstatus entspricht einer der folgenden Möglichkeiten:

innen hoch – außen hoch	innen tief – außen hoch
innen hoch – außen tief	innen tief – außen tief

Alle diese Status-Kombinationen sind wichtig! Denn Sie möchten sich ja gezielt auf Ihren Gesprächspartner einstellen, Status-Kämpfe vermeiden und virtuos die Status-Wippe (s. Kap. 1.3) für sich nutzen! Darum gehen wir nun von Ihrer Status-Komfortzone aus und ich gebe Ihnen konkrete Hinweise, wie Sie durch die anderen Status-Kombinationen Ihr Repertoire erweitern können.

Kommen wir zunächst zur Status-Komfortzone. Die gute Nachricht für Sie ist: Zu Ihrer Status-Komfortzone gehört nicht nur Ihr Grundstatus, sondern darüber hinaus gehören alle Status-Kombinationen dazu, die Sie auch nur teilweise in Ihrem Verhaltensrepertoire haben. Das bedeutet, wenn Sie auch nur in einer Rolle und nur gegenüber einer Person eine bestimmte Status-Kombination erleben, dann gehört auch dieser Bereich bereits zu Ihrer Komfortzone. Und damit können Sie dieses bestimmte Verhalten auch auf andere Lebensrollen übertragen. Sie brauchen sich also gar kein ganz neues Verhalten anzugewöhnen!

Nehmen Sie sich die Ergebnisse der Lebensrollen-Analyse (s. Kap. 3.1) vor und zählen Sie durch, welche der Status-Kombinationen bereits zu Ihrer Komfortzone gehören.

- Decken Sie alle ab? Gratuliere!
- Noch nicht alle dabei? Macht nichts! Im nächsten Kapitel erfahren Sie, wie Sie auch die Ihnen bisher fehlenden Status-Kombinationen für sich erschließen können.

Nun schauen wir uns aber erst einmal an, was die jeweilige Status-Kombination für Ihre Fähigkeiten, sich zu behaupten, bedeutet und warum es wichtig ist, alle vier Status-Ebenen einsetzen zu können.

Selbstbehauptung mit Status-Kombinationen
1. Kombination: innen hoch – außen hoch
Sie wissen, wer Sie sind und was Sie wollen. Das macht es Ihnen einfach, eigene Ziele zu bestimmen und auch durchzusetzen. Auch Ihr äußeres Statusverhalten liefert alle Voraussetzungen dafür, dass Sie sich gut behaupten können. Sie sprechen das, was Sie wollen, aus, und zwar klar und unmissverständlich. Gerade in Situationen, in denen eine klare Ansage gebraucht wird, ist das wichtig. *Achtung*: Vergessen Sie nicht, Ihrem Gegenüber den gebührenden Respekt entgegenzubringen und bei ihm um Unterstützung für Ihre Ziele zu werben, statt zu versuchen, diese einfach durchzudrücken.

2. Kombination: innen hoch – außen tief
Auch in diesem Bereich wissen Sie, wer Sie sind und was Sie wollen. Das macht es Ihnen einfach, eigene Ziele zu bestimmen. Sie sind in der Lage, sich zurückzu-

nehmen, wenn Sie sich davon bessere Chancen für die Gestaltung der Beziehung zum Gegenüber versprechen. Ihr äußeres Statusverhalten liefert wunderbare Voraussetzungen dafür, sich gut zu behaupten. Und zwar auf eine sanfte Art. Sie setzen dabei nicht auf Druck und Dominanz, sondern auf Wertschätzung und Überzeugungsarbeit, indem Sie auf die Belange Ihres Partners eingehen, um ihn auf Basis seiner Motive und Bedürfnisse vom Nutzen Ihres Ziels zu überzeugen. Gerade dort, wo Diplomatie gefordert ist, erreicht man mit diesem Verhalten wesentlich mehr als mit Dominanz.

Achtung: Es ist wichtig, dass Sie nicht zu beliebig werden und versuchen, das Gegenüber zu manipulieren und für Ihre eigenen Zwecke auszunutzen. Also, an den Respekt denken!

3. Kombination: innen tief – außen hoch

Auch wenn Sie Zweifel an sich haben, sind Sie in der Lage, sehr deutlich zu werden und sich zu behaupten. Sie treten auch dann bestimmt auf, wenn Sie gerade selbst noch gar nicht wissen, wohin die Reise geht. Sie müssen nicht alles perfekt wissen und können, um Sicherheit auszustrahlen. Sie lassen sich nichts gefallen.

Achtung: Denken Sie daran, dass Ihr Gegenüber nichts dafür kann, dass Sie sich gerade unsicher fühlen, er hat Ihren Respekt auf jeden Fall verdient. Und achten Sie darauf, dass Ihr Verhalten nicht in Dominanzgehabe ausartet, nur weil Sie versuchen, Ihre innere Unsicherheit zu überspielen.

4. Kombination: innen tief – außen tief

Sie haben keine Schwierigkeiten, sich in einer Situation zurückzunehmen. Wieso auch? Soll der andere doch den Ton angeben, wenn er es gerade besser weiß! Sie treten rücksichtsvoll auf und handeln im Sinne der Beziehung zu Ihrem Gegenüber. Gerade weil Sie ihm viel Respekt entgegenbringen, sorgen Sie für ein reibungsloses Miteinander. Ebendieses respektvolle Verhalten hilft Ihnen, sich als „gute Seele" zu etablieren und sich so auf eine ganz sanfte und zurückgenommene Art zu behaupten.

Achtung: Es ist wichtig, dass Sie bei dem ganzen Bemühen um den anderen nicht vergessen, an sich selbst zu denken. Sie sind genauso wichtig wie Ihr Gegenüber, vergessen Sie das nie!

Sie sehen: Alle vier Qualitäten sind wichtig, um sich zu behaupten. Je nach Situation und Interaktionspartner hat jede dieser Status-Kombinationen Vorteile, die sich gegenseitig ergänzen und bereichern können.

Negativ werden einzelne Status-Kombinationen nur dann, wenn der Respekt vor sich selbst und/oder vor dem anderen fehlt (s. Kap. 2.2). Denn dann kippt ein Tiefstatus in Unsicherheit und Selbstzweifel, die sich gegen Sie selbst oder den anderen richten können. Oder der nach außen gezeigte Hochstatus stellt Sie buchstäblich über das Gegenüber, wirkt arrogant oder verächtlich. Wer sich in allen Bereichen bewegen kann, ist flexibel in der Gestaltung seines Statusverhaltens und gut gewappnet, um sich auf Augenhöhe mit anderen zu behaupten.

Übung 7:
Jetzt wissen Sie, welche von diesen Status-Kombinationen zu Ihrer Status-Komfortzone gehören. Schauen Sie sich Ihre Lebensrollen-Arbeitsblätter noch einmal an und überlegen Sie, in welcher Ihrer Rollen Sie ein bestimmtes Statusverhalten aus Ihrer Komfortzone neu ausprobieren möchten. Vielleicht sind Sie gegenüber Ihrem Partner bisher im Hoch/Tief-Status und möchten jetzt einmal bewusst in den Hoch/Hoch-Status gehen. Wie kann das entsprechende Verhalten in dieser Rolle aussehen (s. Kap. 2.3)? Probieren Sie es einfach aus!

Machen Sie so weiter mit allen Rollen, bis Sie möglichst alle Status-Kombinationen in einer Rolle, in der Sie bisher anders reagieren, ausprobiert haben. Damit erweitern Sie Ihr bisheriges Verhaltensrepertoire und trainieren, souverän mit Ihrem jeweiligen Gegenüber umzugehen (s. Kap. 1.3, Status-Wippe).

Auch wenn ein bestimmtes Statusverhalten sich nur auf eine Lebensrolle beschränkt, gehört es dennoch zu unserer Status-Komfortzone. Alle Status-Kombinationen von Hoch/Hoch bis Tief/Tief sind wichtig, um sich gegenüber unterschiedlichen Kommunikationspartnern auf Augenhöhe zu behaupten.

3.3 So erweitern Sie Ihre Status-Komfortzone

Sie haben festgestellt, dass nicht alle Status-Kombinationen zu Ihrer Status-Komfortzone gehören, und wollen sich diese für Ihre Fähigkeit, sich zu behaupten, erschließen? Dann gilt es, hier weiterzumachen. Um die verschiedenen Status-Bereiche für sich neu zu erobern, ist es wichtig, den inneren und äußeren Status nacheinander zu betrachten.

● **Innen hoch**
Wie im Kapitel 2.2 beschrieben, steigt der innere Hochstatus mit dem Respekt vor sich selbst, also mit dem eigenen Selbstwert. Das bedeutet, dass Sie beim Selbstwert ansetzen müssen, um die Status-Kombinationen für sich zu erobern, die auf dem inneren Hochstatus basieren.
Es ist wichtig, die eigenen Glaubenssätze zu hinterfragen und daran zu arbeiten, dass Sie sich selbst für genau so wichtig halten wie andere (s. Kap. 2.2).

● **Innen tief**
Das bedeutet natürlich nicht, dass Sie anfangen sollen, sich für unwichtig zu halten, oder womöglich versuchen, an Ihrem Selbstwert „zu sägen". Es geht hier vielmehr darum, zu lernen, sensibler für die Bedürfnisse von anderen zu werden, und anzuerkennen, dass ein anderer durchaus in gewissen Situationen wichtiger sein kann als Sie selbst.

- **Außen hoch**

Wenn Sie dazu neigen, sich äußerlich eher zurückzunehmen, dann üben Sie nach und nach, sich „größer" zu machen, Ihre Gesten ausgeprägter zu gestalten und sich noch mehr Gehör zu verschaffen.

- **Außen tief**

Auch sich äußerlich etwas zurückzunehmen, um dem anderen mehr Raum zu lassen, ist eine wichtige Fähigkeit. Achten Sie darauf, wo Sie weniger dominant auftreten können. Ihren Gesprächspartnern ehrliche Komplimente zu machen, baut sie auf und hebt ihren Status.

Es ist nicht immer einfach und auch nicht nötig, alles allein zu können und zu machen. Holen Sie sich Unterstützung aus Ihrem Umfeld. Dazu eignen sich Status-Vorbilder und/oder Status-Mentoren ausgezeichnet.

Status-Vorbilder

Am einfachsten ist es, wenn Sie Vorbilder für Ihr Wunsch-Statusverhalten haben. Nehmen Sie sich die Status-Kombination vor, die Sie sich aneignen wollen. Kennen Sie jemanden, der sich so verhält? Es kann eine reale Person aus Ihrem Bekanntenkreis sein oder sogar ein Film-Held. Beobachten Sie diese Person:

- Was macht sie?
- Wie äußert sich ihr Statusverhalten?
- Welche Einstellungen hat sie?

Vielleicht haben Sie die Möglichkeit, sie danach zu fragen. Sonst stellen Sie einfach Vermutungen an. Sie werden sehen, die meisten Vorbilder sind uns ähnlicher, als wir denken, vor allem auf der Werteebene.

Die meisten Unterschiede gibt es sicher auf der Ebene der Glaubenssätze und bei den Gefühlen. Deswegen legen Sie darauf das größte Augenmerk. Wenn Sie den inneren Status und die Status-Strategie Ihres Vorbildes kennen, können Sie sich an die Umsetzung machen!

Status-Mentoren

Manchmal ist man an einem Punkt der Veränderung angelangt, an dem man ohne Feedback von außen nicht mehr weiterkommt. Deswegen suchen Sie sich eine bis drei Personen, denen Sie vertrauen und bei denen Sie sicher sind, dass sie es gut mit Ihnen meinen und gleichzeitig ehrlich zu Ihnen sind. Diese Personen sollen Ihre Status-Mentoren werden. Dafür ist es gut, wenn sie Sie möglichst in vielen Lebensbereichen und -rollen begleiten und Sie möglichst oft erleben.

Besprechen Sie mit Ihren Status-Mentoren das, was Sie im Rahmen dieses Buches erarbeitet haben. Lassen Sie sich Feedback geben, inwiefern sie Ihre Einschätzungen bezüglich Ihres Statusverhaltens teilen.

Erarbeiten Sie gemeinsam eine Vorgehensweise, wie Sie sich die neuen Statusverhaltensweisen erarbeiten können. Probieren Sie Ihr neues Verhalten in kleinen Schritten aus und lassen Sie sich nicht entmutigen, wenn nicht alles auf Anhieb klappt.

Status-Anker

Manchmal muss man schnell reagieren. Dann kann es passieren, dass man keinen spontanen Zugang zum Wunschverhalten findet. Besonders dann, wenn man versucht, die eigenen Automatismen zu umgehen und ein (relativ) neues Verhalten einzusetzen. Um alle erarbeiteten Status-Kombinationen ausschöpfen zu können, ist es gut, einige Ressourcen parat zu haben, um sich selbst auch dann, wenn man sich behaupten muss, wieder „ins Lot" bringen zu können.

Das geht sehr effektiv mit einem sogenannten „Anker". Unter „Ankern" versteht man im NLP (Neurolinguistisches Programmieren) das Speichern bestimmter Zustände, die im Bedarfsfalle rasch abgerufen werden können, um sich nicht ungewollt vom Gesprächspartner in den Tiefstatus oder in den Hochstatus „mitziehen" oder „drücken" zu lassen.

Folgen Sie diesen 3 Schritten für den Status-Anker:

Schritt 1: Ressource finden

Denken Sie sich intensiv in eine Situation, in der Sie in einem Status-Zustand waren, in dem Sie sich wohlgefühlt haben und sich ohne Schwierigkeiten behaupten konnten.

- Was empfanden Sie dabei?
- Was waren Ihre Gedanken?
- Es handelt sich um eine bestimmte Emotion, eine bestimmte innere Haltung. Spüren Sie ihr richtig nach.

- Geben Sie ihr einen Titel, z. B. „gelassene Überlegenheit" oder „respektvolle Zuwendung". Der Titel sollte zu Ihnen und Ihrer Haltung passen.

Schritt 2: Ressource ankern

Wenn Sie diese Haltung/das Gefühl intensiv empfinden: Welches Bild sehen Sie? Was sagen Sie dann zu sich selbst? Ein Wort oder einen Satz? Beispiele sind „Ich bin es wert!" oder „Ich will!" oder vielleicht auch nur ein „Om". Hauptsache, es passt zu Ihnen.

Gibt es eine körperliche Bewegung, die Sie mit diesem Status-Zustand natürlicherweise verbinden? Das kann Ihre Kopfhaltung, ein breiter Stand oder eine bestimmte Handbewegung sein.

- Das Gefühl/die innere Haltung,
- das Bild,
- das Wort/der Satz,
- die Körperbewegung und ein Lächeln dazu ☺

bilden zusammen Ihren Status-Anker für den „neutralen" Status-Zustand. Um diesen Anker zu setzen, führen Sie alle diese Bestandteile nacheinander zwei- bis dreimal aus.

Schritt 3: Ressource aktivieren

Das Aufrufen des Status-Ankers muss geübt werden. Rufen Sie ihn in den nächsten Tagen möglichst oft auf, denn mit der Übung wird die Wirkung immer schneller einsetzen. Sie können diesen Anker dann schnell nach Bedarf aktivieren, indem Sie innerlich Ihr Wort/Ihren

Satz sagen und die Körperbewegung ausführen. Schon durchströmt Sie das Gefühl, das Sie in einen guten Status-Zustand und somit in Ihren Wohlfühlbereich versetzt.

Genauso leicht können Sie verschiedene Status-Kombinationen ankern, um diese in den entsprechenden Situationen blitzschnell abrufen zu können. Achten Sie dabei darauf, dass die Bestandteile verschiedener Anker sich deutlich voneinander unterscheiden.

- *Status erlebt man unterschiedlich, je nach der zu erfüllenden Lebensrolle und dem eigenen zur Verfügung stehenden Verhaltensrepertoire.*
- *Jeder hat eine Status-Komfortzone, die alle Statusverhalten der verschiedenen Lebensrollen beinhaltet.*
- *Sie können gelungenes Statusverhalten auch auf andere Situationen übertragen.*
- *Um sich in jeder Situation wirkungsvoll behaupten zu können, ist Status-Flexibilität von Vorteil. Das Beherrschen aller Status-Kombinationen bringt diese Flexibilität mit.*
- *Zur Erweiterung der Status-Komfortzone können Vorbilder und Mentoren zurate gezogen werden.*
- *Um Status-Zustände in Situationen, in denen man sich behaupten muss, schnell abrufen zu können, können Status-Anker gesetzt werden.*

30 MINUTEN

Wie kann ich überzeugend(er) auftreten?

Seite 68

Wie führe ich Gespräche auf der Basis des Status-Modells?

Seite 71

Wie gestalte ich meinen Status in Gruppen?

Seite 85

4. So behaupten Sie sich

Oft wird „sich behaupten" kurzsichtigerweise nur mit Selbstvertrauen und Rhetorik in Verbindung gebracht. Das Status-Modell zeigt: Das Fundament dafür, Ihre Frau/Ihren Mann stehen zu können und klar für sich selbst einzutreten, liegt darin, wie Sie sich – und andere – in einer bestimmten Situation (zueinander) einschätzen.

Jetzt sind Sie so weit, den Status dazu zu nutzen, um auf Augenhöhe zu kommunizieren. Das gilt insbesondere für Situationen, in denen Sie das Gefühl haben: „Jetzt muss ich mich aber behaupten, sonst ..." Sie bekommen in diesem Kapitel einige wirkungsvolle Werkzeuge an die Hand, um sich erfolgreich zu behaupten.

„Sich behaupten" = standhalten, erhalten, bewahren, bestehen, aushalten ...
Das heißt: Sich nicht aus dem Konzept bringen lassen, sich nicht „erschüttern" lassen vom Verhalten anderer und sich nicht dazu verleiten lassen, einen respektvollen Umgang zu sich selbst und anderen aufzugeben. Kurzum: Es geht um **Standing und Respekt!**

4.1 Überzeugend auftreten

Das Thema Respekt haben wir in Kapitel 2.2 bereits intensiv besprochen. Jetzt geht es also um Ihr Standing oder zu Deutsch: um Ihre Standfestigkeit.

Im Improvisationstheater spricht man vom Behaupten, wenn es darum geht, den Mut zu haben, eigene Ideen in die Szene einzubringen und konsequent zu verfolgen. Doch da ist man natürlich auf die Mitspieler angewiesen, denn wenn diese die Idee nicht akzeptieren, nicht unterstützen oder sogar sabotieren, verpufft die Idee im „Niemandsland", egal wie toll sie war. Mit bloßer Dominanz kommt man da nicht weit. Es geht vielmehr darum, die anderen von der eigenen Idee zu überzeugen.

Wir finden die Menschen überzeugend, die

- für ihre Sache einstehen,
- Ideen und Ziele durchdenken und trotzdem offen bleiben,
- handeln, steuern und auf Kurs bleiben.

Wenn Sie sich behaupten wollen, müssen Sie wissen, was Sie überhaupt erreichen möchten, und sich dafür einsetzen. Unter Berücksichtigung der Bedürfnisse und Ziele anderer! Dabei spielt zusätzlich zum Respekt auch die Sympathie eine große Rolle. Man gewinnt andere schneller für sich und die eigenen Ideen, wenn man auch gewinnend auftritt.

Hier kommt das Wissen um den Status richtig zur Geltung. Bereits bei Ihrer inneren Klärung, die Sie für das

Verstehen Ihres inneren Status benötigten, haben Sie das, was Ihnen wichtig ist, für sich bestimmt (s. Kap. 2.2, Werte).

Mit den vier verschiedenen Status-Kombinationen, die Ihnen für Ihr Statusverhalten zur Verfügung stehen, haben Sie ausgezeichnete Werkzeuge, um sich für das, was Sie erreichen möchten, wirkungsvoll einzusetzen (s. Kap. 2.3 und 3.3). Zusätzlich können Sie bewusst Sympathie sowie Nähe und Distanz dazu nutzen, um sich auf Augenhöhe mit dem anderen zu behaupten.

Sympathie

In einigen Büchern steht, dass der Hochstatus Respekt ermöglicht, der Tiefstatus Sympathie. Dem widerspreche ich energisch! Der Status an sich hat wenig Einfluss darauf, ob man sympathisch oder unsympathisch wirkt. Die hinter dem Status stehende Intention bestimmt, ob es ein sympathischer Status sein wird. Nicht umsonst sagt man: „Wie man in den Wald hineinruft, so schallt es auch heraus." Wenn Sie Ihrem Gegenüber Respekt und Sympathie entgegenbringen, erhöhen Sie die Wahrscheinlichkeit, dass dieser Ihnen auf die gleiche Art begegnet.

Darüber hinaus finden wir die Menschen am sympathischsten, die uns am ähnlichsten sind, das liegt in unserer Natur. Darum ist das Prinzip der Status-Wippe, das Sie in Kapitel 1.3 kennengelernt haben, so wirkungsvoll. Hochstatus-Menschen finden beispielsweise andere Hochstatus-Menschen spannender und sympathischer. Das Gleiche gilt für die Menschen, die lieber im Tiefstatus unterwegs sind: Sie finden andere Tiefstatus-Personen sympathischer und angenehmer.

Das bedeutet, dass Sie im Miteinander eher darauf achten sollten, was Sie mit Ihrem Kommunikationspartner verbindet, und diese Gemeinsamkeiten betonen. Das sorgt im Übrigen auch für Nähe in jeder Art von Beziehung, ob privat oder beruflich.

Distanz und Nähe

Oft wird dem Hochstatus Distanz, dem Tiefstatus Nähe zugeordnet. Das ist insofern wichtig zu wissen, weil es allein schon vor diesem Hintergrund keine eindeutigen Antworten geben kann auf die Fragen:

- Welcher Status ist der richtige?
- Welcher Status ist empfehlenswert?
- Welchen sollte man vermeiden?

Die Antwort darauf kann nur sein: Es kommt darauf an! So kommt es z. B. darauf an, ob Sie zu Ihrem Gesprächspartner Distanz oder Nähe aufbauen wollen. Wenn Sie Hochstatus-Signale senden, ist es wahrscheinlicher, dass Sie Ihr Gegenüber eher auf Distanz halten. Denn es ist auch klar: Wer sich über einem anderen positioniert, muss mit Vorsicht betrachtet werden. Mit Tiefstatus-Signalen erzeugen Sie dagegen eher das Gefühl der Nähe, denn wer sich tiefer positioniert, signalisiert, dass er nicht auf Kampf aus, sondern am friedlichen Miteinander interessiert ist.

Sich behaupten bedeutet, für sich und die eigenen Ziele einzustehen. Um dabei Unterstützung von anderen zu bekommen, ist es wichtig, ihnen auf die gleiche respektvolle Art zu begegnen, wie man es für sich beansprucht. Neben dem Wissen um das innere und äußere Statusverhalten ist es auch wichtig zu wissen, wie man Distanz, Nähe und Sympathie erreicht.

30

4.2 Gespräche führen mit dem Status-Modell

Je nachdem, welches Statusverhalten für Sie üblich ist, werden Sie unterschiedliche Herausforderungen im Umgang mit anderen haben. Neigen Sie eher zum Tiefstatusverhalten, werden Sie sich wahrscheinlich im Umgang mit Menschen, die eher im Hochstatus unterwegs sind, behaupten wollen.

Sind Sie eher jemand, der selbst oft im Hochstatus ist, wird die größte Herausforderung für Sie sein, dass Sie mit den anderen Hochstatus-Menschen „aneinandergeraten" und Ihre Energie oft für Status-Kämpfe aufwenden. Aber auch Ihr Umgang auf Augenhöhe mit Menschen im Tiefstatus kann für Sie ein Thema sein. Denn Menschen im Hochstatus dominieren stark. Das Gegenüber im Tiefstatus fühlt sich dann überrumpelt oder schlichtweg nicht wahr- und ernst genommen. So überzeugt man niemanden!

Fest steht: Sie können andere Menschen nur dann überzeugen – und sich damit wirklich behaupten –, wenn Sie drei Dinge beachten: Augenhöhe, Augenhöhe, Augenhöhe!

Kommunikation auf Augenhöhe

Und jetzt erkläre ich Ihnen, wie das genau geht. Gleich im ersten Kapitel habe ich Ihnen den Augenhöhe-Status (s. Kap. 1.3) vorgestellt. Es gibt Menschen, die ihn von Haus aus beherrschen, die kommen mit den meisten Menschen klar. Warum? Weil sie einen sehr spielerischen und entspannten Umgang mit dem Status haben: Sie bewegen sich immer auf der Augenhöhe des anderen. Dabei geht es nicht darum, den Menschen etwas vorzugaukeln, was nicht da ist, sondern es geht um ein echtes Interesse an anderen Menschen und um das Bemühen, deren Sicht auf die Welt nachzuvollziehen. Die gute Nachricht: Jeder kann das lernen. Wie? Mit dem Beherrschen der Status-Wippe (s. Kap. 1.3)!

Bei der Kommunikation auf Augenhöhe geht es darum, den Status-Unterschied zum Gesprächspartner möglichst gering zu halten, damit das „Wippen" überhaupt möglich ist. Wer „wippt", geht mit dem anderen eine Beziehung ein, sorgt für Wertschätzung und Sympathie. Das wiederum bringt Ihnen Gehör und Anerkennung. Der andere erlebt Sie als angenehmen und kompetenten Gesprächspartner. Sie können gleichzeitig – unbemerkt und virtuos – das Gespräch steuern. Dadurch kommt beim anderen an: „Mein Gesprächspartner weiß, was er/sie will!"

Die Status-Wippe lebt vom wechselseitigen Führen und Folgen. Kennen Sie die Schrittfolgen im Walzer? 1-2-3, 1-2-3, Schritt vor, Schritt zurück, Schritt vor, Schritt zurück. Das Ganze gemeinsam und ohne dem Partner auf die Zehen zu treten.

- Wenn einer nur Schritte nach vorn macht und der andere nur zurück, läuft man als Paar bald gegen die Wand (einer dominiert, der andere unterwirft sich).
- Wenn beide jeweils einen Schritt nach vorn machen, geraten sie aneinander (Status-Kampf).
- Wenn beide nur Schritte nach hinten machen, gehen sie so weit auseinander, dass sie kein Paar mehr sind (keine Beziehung).

Ganz genauso ist es mit der Status-Wippe. Weil der Status von zwei Menschen niemals identisch ist, gibt es immer jemanden, der führt – im Tanz wie in Gesprächen: Einer geht vor, der andere muss zurück und dann andersherum. Und wenn dieser gemeinsame „Tanz" richtig in den Fluss kommt, dann ist das Gespräch von Leichtigkeit geprägt und beide Partner gehen aufeinander ein.

Denken Sie dabei an ein wirklich gutes Gespräch mit einem Freund/einer Freundin: Jede(r) erzählt abwechselnd, man lacht zusammen, ist „auf einer Wellenlänge", keiner bestimmt über den anderen, keiner muss sich unterordnen, beide fühlen sich wohl – das ist Ihr Maßstab für ein Gespräch im Augenhöhe-Status. Das heißt, in jedem Gespräch, das Sie ab jetzt führen werden, achten Sie künftig darauf, inwiefern sich dieses Gefühl einstellt. Nun hat man natürlich nicht zu jedem Gesprächspartner das gleiche herzliche Verhältnis wie zum besten Freund/zur besten Freundin. Und dennoch ist das Ziel, diese Qualität – passend zur Situation und zu den Rollen, in denen man sich begegnet – in jedem Gespräch zu erleben. Ich erkläre Ihnen, wie Sie Gespräche in dieser Qualität mit anderen Menschen führen, besonders mit jenen, gegenüber denen Sie sich behaupten wollen. Denn das sind die Gespräche, die man oft als schwierig empfindet.

Ihre Nachbarin macht Ihnen ständig Vorschriften, wie Sie Ihre Hecke zu schneiden haben. Sie haben sich jahrelang um den Nachbarschaftsfrieden bemüht, indem Sie brav die Anweisungen ausgeführt haben. Doch jetzt wollen Sie das nicht mehr und sich ihr gegenüber endlich behaupten. Da Sie an einer Klärung auf Augenhöhe interessiert sind, haben Sie sie zu einem Kaffee auf Ihrer Terrasse eingeladen.

Das Wichtigste in einem guten Gespräch ist, das Status-Verhältnis untereinander zu klären, und zwar bevor es zum eigentlichen Thema kommt. Diese Klärung entscheidet darüber, ob Sie sich mit Ihrem Thema/Ihrem Anliegen werden behaupten können. Ja, Sie haben richtig gelesen! Nicht an der fehlenden Rhetorik, nicht an der unschlüssigen Argumentationskette oder sonstigen sprachlichen Finessen scheitern die Gespräche. Sondern daran, dass man es am Anfang nicht geschafft hat, das Status-Verhältnis auf Augenhöhe einzurichten.

Wenn es Ihnen nicht gelingt, eine entsprechende Gesprächsstimmung zu erzeugen, dann vergessen Sie Ihr Anliegen: Es wird nichts mit dem Überzeugen und somit auch nicht mit dem Sich-Behaupten!

Für das versierte „Status-Wippen" und das damit verbundene Sich-Behaupten stehen Ihnen folgende Techniken aus dem NLP zur Verfügung:

1. Das Reagieren/Das Nichtreagieren
2. Die Status-Angleichung (Pacing)
3. Die Status-Führung (Leading)

Schauen wir uns diese etwas genauer an.

1. Reagieren/Nichtreagieren

Das Konzept des Reagierens/Nichtreagierens macht deutlich, dass wir zu jedem Zeitpunkt selbst darüber entscheiden können, auf was wir reagieren und auf was nicht. Auch wenn wir uns über das Verhalten oder eine Aussage von jemandem aufregen, haben wir uns selbst entschieden – wenn auch oft unbewusst –, darauf zu reagieren.

Es ist eine wirkungsvolle Methode, um die Kommunikation in die gewünschte Richtung zu steuern, die erwünschten Verhaltensweisen beim Partner zu erreichen und sich selbst so besser zu behaupten.

Was steht dahinter? Dinge und Verhaltensweisen, auf die wir reagieren, verstärken wir. Und zwar ganz egal, in welcher Form und ob die Reaktion positiv oder negativ ausfällt. Wenn Ihr Gesprächspartner nur auf bestimmte seiner Verhaltensweisen eine Reaktion von Ihnen bekommt und auf andere keine, dann wird er versuchen, die Verhaltensweisen einzusetzen, auf die Sie schon mal reagiert haben. Wenn Sie also auf aus Ihrer Sicht unangebrachte Statusverhaltensweisen (meist) negativ reagieren, dann geben Sie diesem Verhalten eine (hohe) Bedeutung und bestätigen es so. Das ist aber in jeder Hinsicht kontraproduktiv, wenn Sie auf Augenhöhe kommunizieren wollen. Das bedeutet, dass Sie stattdessen möglichst nur auf das Verhalten reagieren sollten, das Sie bei der Gestaltung der Status-Wippe und der Kommunikation auf Augenhöhe unterstützt.

Zum Reagieren gehören dabei alle Zeichen, die wir in der Kommunikation nutzen – unabhängig davon, ob diese bejahend oder ablehnend sind:

- Nicken oder den Kopf schütteln,
- Gesten,
- Geräusche,
- Sprache,
- Fragen stellen,
- Antworten geben.

Das Nichtreagieren ist dementsprechend das Gegenteil davon. Sie halten nur einen intensiven und wertschätzenden Blickkontakt und zeigen sonst keinerlei Reaktionen, nichts, kein Nicken, kein Räuspern, gar nichts. Meist wird dann von Ihrem Kommunikationspartner eine Nachfrage kommen, ob alles okay wäre. Unser Beispiel mit der Nachbarin könnte sich wie folgt entwickeln:

Ihre Nachbarin fängt nach einer kurzen Begrüßung zu meckern an, wie viel Arbeit sie wegen der schlecht geschnittenen Hecke hat. Sie könnten jetzt anfangen, sich zu rechtfertigen, warum Sie die Hecke so und nicht anders geschnitten haben. Sie könnten auch aggressiv werden und ihr endlich mal Ihre Meinung „um die Ohren hauen". Doch Sie entscheiden sich dafür, nur auf das zu reagieren, was nach Ihrem Empfinden einer Kommunikation auf Augenhöhe dient. Das Gemecker über Ihre schlecht geschnittene Hecke gehört definitiv nicht dazu, deswegen reagieren Sie darauf auch nicht. Sie schauen Ihre Nachbarin nur an. Als von Ihnen keine Reaktion kommt, stutzt sie und fängt an, Ihnen Komplimente zu Ihrem Kaffee zu machen. Darauf reagieren Sie erfreut.

Das Reagieren/Nichtreagieren ist eine sehr wirkungsvolle Methode, um zu zeigen, inwiefern ein Verhalten und das aktuelle Status-Verhältnis für Sie akzeptabel sind und auf welcher Basis Sie bereit sind, eine Beziehung zu gestalten.
Bitte verwechseln Sie das Nichtreagieren jedoch nicht mit dem Ignorieren. Beim Nichtreagieren geht es um die Fortführung und Steuerung der Kommunikation, beim Ignorieren um Bestrafung und Kommunikationsabbruch –

das ist ein riesengroßer Unterschied (darum auch der wertschätzende Blickkontakt in unserem Beispiel).

2. Status-Angleichung (Pacing)

Meist merken Sie intuitiv, dass ein Ungleichgewicht besteht, wenn Sie die Status-Positionen abgeglichen haben (s. Kap. 2.3). Und es ist an sich unerheblich, wer nun im Hochstatus und wer im Tiefstatus ist. Wichtig ist nur, dass Sie eine Status-Diskrepanz spüren.

Um die Status-Wippe in Gang zu bringen, setzen Sie das sogenannte Pacing ein. Beim Pacing sorgen Sie selbst dafür, die Diskrepanz aufzulösen. Dabei sind zwei Dinge zu tun:

a) Angleichung des Statusverhaltens

Das heißt, Sie „kopieren" das Statusverhalten Ihres Gesprächspartners: Sie übernehmen seine Status-Signale wie Körpersprache, Stimme, Sprache. Natürlich sollen Sie ihn nicht nachäffen, sondern sich ähnlich verhalten, z. B.:

- Nimmt Ihr Gesprächspartner viel Raum ein, nehmen Sie auch viel Raum ein. Nimmt er sich zurück, nehmen Sie sich auch zurück.
- Spricht Ihr Gegenüber laut, sprechen Sie ebenfalls laut. Spricht er leise, tun Sie das Gleiche.
- Und so weiter ...

Damit signalisieren Sie, dass Sie auf Augenhöhe kommunizieren wollen. Was Sie aber nicht tun, ist, sich zu Respektlosigkeit hinreißen zu lassen!

b) Gemeinsamkeiten betonen *Redet geben*

Um die Augenhöhe zu erreichen und geschmeidig „wippen" zu können, ist es wichtig, sich immer wieder klarzumachen, dass das nur gemeinsam geht. Es gibt immer etwas, was Sie mit Ihrem Gesprächspartner verbindet. Machen Sie klar, wie wichtig Ihnen die „gleiche Wellenlänge" ist, z. B. durch ein ernst gemeintes Kompliment.

Noch ein wichtiger Punkt: Nichts verbindet so sehr wie das gemeinsame Lachen – also lachen Sie, wo es nur geht, mit Ihrem Gesprächspartner. Es reicht auch schon ein Lächeln.

Außerdem sollten Sie ein Setting schaffen, mit dem beide sich wohlfühlen können. Ihr Gesprächspartner steht, Sie sitzen: Stehen Sie auf. Sitzt Ihr Gesprächspartner, dann setzen Sie sich auch hin. Auch das gehört zur gleichen Augenhöhe.

Ihre Nachbarin trinkt genüsslich ihren Kaffee und plaudert über Gott und die Welt. Jetzt wäre es höchst unpassend, wenn Sie sich plötzlich steif hinsetzen würden oder gar aufstehen, sich vor der Frau aufbauen und sagen: „Nun mal genug drumherum geredet, ich habe Sie eingeladen, um das Thema mit der Hecke ein für alle Mal zu klären." Bums – die Stimmung ist im Keller, die Nachbarin fühlt sich angegriffen und der Kampf geht los.

Sie machen es anders: Sie sitzen genauso gemütlich da und führen ein ganz normales Gespräch mit der Frau. Sie nehmen genauso viel Raum ein, Sie sitzen ähnlich, Sie sprechen in der gleichen Lautstärke. Sie sprechen und lachen über gemeinsame Erlebnisse.

Sobald Sie die Augenhöhe erreicht haben, geht es mit dem „Wippen" los:

1. Ihr Gesprächspartner erzählt. -> Er führt.
   Sie hören zu. -> Sie folgen.
2. Sie erzählen. -> Sie führen.
   Ihr Gesprächspartner hört zu. -> Er folgt.

So geht es abwechselnd hin und her. Bitte beachten Sie, dass Sie erst dann, wenn Sie die gleiche Augenhöhe erreicht haben, Ihr Anliegen anbringen können. Denn erst dann ist Ihr Gesprächspartner offen für alles, was kommt. Bleiben Sie daher so lange im sogenannten „Vorgespräch", bis eine tragfähige Beziehung aufgebaut ist. Klappt es gar nicht, dann belassen Sie es dabei und bringen Sie Ihr Anliegen bei einer anderen Gelegenheit vor.

3. Status-Führung (Leading)

Sind die Angleichung und die Status-Wippe gelungen, ist es an der Zeit, Ihr Anliegen vorzubringen. Verändern Sie dabei aber nicht abrupt die durch die Angleichung entstandene Stimmung. Im Gegenteil: Es gilt, diese aufrechtzuerhalten. Und hier kommt das Leading ins Spiel.

Beim Leading geht es darum, ein Vorbild zu sein, mit dem besten Beispiel voranzugehen, um ein bestimmtes Statusverhalten als gemeinsame Basis zu etablieren.

Sie haben gemerkt, dass das Gespräch mit Ihrer Nachbarin gut läuft, und führen es nun zum eigentlichen Thema hin: die Hecke. Sie betonen, dass Sie an einer gemeinsamen Lösung interessiert sind. Sie fragen und hören sich an, welche Wünsche Ihre Nachbarin hat. Dann schildern Sie, was Sie sich vorstellen und dass es Ihnen wichtig ist, eine Entscheidung zu treffen, die für beide verbindlich und akzeptabel ist.

Nicht immer wird der Themenübergang nahtlos gelingen. Besonders dann ist es sehr wichtig, beim bereits etablierten Statusverhalten zu bleiben, um zu zeigen, dass für Sie dieses Thema keine Veränderung im etablierten Status-Verhältnis bedeutet. Gerade wenn der Gesprächspartner sein Statusverhalten abrupt verändert, werden Automatismen losgetreten, die die Kommunikation auf Augenhöhe gefährden.

Wenn der andere in den Hochstatus geht und Sie angreift	Wenn der andere in den Tiefstatus geht und hilflos wirkt
Gefahr:	Gefahr:
– Selbst in den Hochstatus zu wechseln und einen Status-Kampf um Dominanz anzufangen.	– Sich in den Hochstatus drücken zu lassen und von oben herab zu kommunizieren.

– Sich davon beeindrucken zu lassen und gleich in den Tiefstatus und damit in die Unterwerfung zu rutschen.	– Den anderen zu bemitleiden und gleich mit in den Tiefstatus zu rutschen.

Hier ist es wichtig, standhaft zu bleiben (s. Kap. 4.1), sich als Fels in der Brandung zu verstehen. Sie sorgen dafür, dass das Gespräch auf Augenhöhe stattfindet! Gerade bei schwierigen Inhalten oder in emotional aufgeladenen Situationen müssen Sie auf Kurs bleiben: „Ich will diese Situation auf Augenhöhe mit meinem Gesprächspartner klären. Es liegt an mir, die Augenhöhe zu bewahren (oder wiederherzustellen)." Mit dem Leading gelingt Ihnen das auch, wenn Sie selbst emotional betroffen sind.

Damit wir uns nicht missverstehen: Es ist sehr wichtig, sowohl in den höheren als auch in den tieferen Status wechseln zu können, aber eben bewusst.

Schauen wir an, wie das Gespräch mit der Nachbarin weitergeht:

Kaum sprechen Sie die Hecke an, fängt die Nachbarin an, laut zu meckern und wild zu gestikulieren. Sie lassen sich nicht davon beirren, bleiben ruhig und reagieren nur auf das, was zu Ihrer Definition eines konstruktiven Umgangs passt. Sie reagieren also nur auf die sachlichen Inhalte, nicht aber auf die Angriffe der Frau (s. Reagieren/Nichtreagieren).

Es kann passieren, dass Ihr Gegenüber sich nicht zurück auf Augenhöhe „leaden" lässt. Dann gehen Sie wieder zum Pacing über und gleichen dadurch das Statusverhalten erst wieder so weit an, dass beide wieder auf Augenhöhe sind:

Nachdem die Nachbarin sich richtig in das Thema reingesteigert hat, springt sie auf und lässt Sie nicht mehr zu Wort kommen. Jetzt stehen Sie ebenso auf, machen sich körperlich groß, z. B. durch aufrechte Haltung und große Gesten, und erhöhen Ihre Lautstärke (ohne zu schreien!). Sie tun es aus einer wertschätzenden Haltung heraus, ohne aggressiv oder respektlos zu werden. Denn Ihnen ist klar, dass der Frau das Thema sehr wichtig ist, sonst würde sie sich nicht so dafür engagieren. Die Nachbarin merkt, dass sie mit ihrem Anliegen ernst genommen wird und dass Sie sich von ihrem Verhalten weder beeindrucken noch aus der Reserve locken lassen. Sie wird ruhiger, setzt sich wieder hin. Sie folgen, das Gespräch wird auf einer neuen Ebene in Ruhe fortgeführt und die künftige Vorgehensweise verbindlich festgelegt.

Wenn Sie das Gefühl haben, Sie schaffen es während des Gesprächs nicht, Ihr Statusverhalten nach Ihrem Wunsch zu gestalten – weil Sie sich beispielsweise vom Verhalten des anderen unter Druck gesetzt fühlen –, dann unterbrechen Sie das Gespräch. Gönnen Sie sich eine Pause unter einem Vorwand, z. B. für einen Toilettengang. Dann haben Sie fünf bis zehn Minuten Zeit, um …

- sich in Ruhe zu sortieren,
- Ihren Selbstwert in der Situation zu stärken,
- Ihren Status-Anker zu aktivieren (s. Kap. 3.3),
- sich klar über Ihr wünschenswertes Statusverhalten zu werden,
- zu lächeln,
- und danach aus einer neuen, angemessenen Status-Position neu zu starten.

Die meisten Gespräche, besonders die, in denen man sich behaupten will, verlaufen in Dynamiken, die abwechselnd aus Pacen und Leaden des Statusverhaltens bestehen.

Da bzn ich aber !

Sie sehen: Sie brauchen kein „Alphamensch" zu sein, der vor Zielgerichtetheit birst. Auch als eher leiser Mensch können Sie ganz klar Ihre Ziele verfolgen und sich in jedem noch so schwierigen Gespräch behaupten – auf angenehme Weise, wenn es Ihnen gelingt, diese wirkungsvollen Instrumente einzusetzen.

30 *Je nachdem, ob Sie eher zum Hoch- oder Tiefstatus tendieren, werden die Herausforderungen für Sie unterschiedlich sein, wollen Sie sich auf respektvolle Art behaupten. Dafür stehen Ihnen wirkungsvolle Werkzeuge wie Reagieren/Nichtreagieren sowie Pacing und Leading zur Verfügung, mit denen Sie Ihr eigenes und das Verhalten Ihres Gesprächspartners als Status-Wippe gestalten und sich auf Augenhöhe behaupten können.*

4.3 Status in Gruppen

Natürlich geht es nicht nur zwischen Einzelpersonen, sondern auch in Gruppen um den Status. Sobald Sie einen Raum betreten, in dem sich mehr als eine Person befindet, wird innerhalb der Gruppe die Status-Hierarchie abgecheckt und festgelegt. In neuen Gruppen müssen alle Status-Positionen erst ausgehandelt werden. In Gruppen, die sich schon länger kennen, wird der Status nur zwischen den Gruppenmitgliedern immer wieder neu ausgehandelt, die einen ähnlichen Grundstatus haben.

Nehmen Sie sich Zeit, die Status-Vorgänge und die Status-Hierarchie in der Gruppe zu beobachten: Das „Alphatier" der Gruppe ist oft derjenige, dem dieser Status von Amtswegen zusteht. Doch wie oft gibt es einen „heimlichen" Führer, der trotz der eigentlich hierarchisch niedrigeren Stufe den höchsten Status in der Gruppe hat. Ihn erkennen Sie daran, dass die meisten Mitglieder sich an ihn wenden und ihm am meisten zugehört wird.

Es ist wichtig zu wissen, wo Sie selbst im Verhältnis zu den anderen stehen, um sich richtig positionieren zu können. Besonders in Gruppen ist zu beachten, dass der Status nicht nur im Verhältnis zu Personen, sondern auch im Verhältnis zum Raum wirkt. Nichts senkt den eigenen Status so sehr wie eine merkliche Ehrfurcht oder das Nichtbeherrschen von Räumen, Gegenständen und genutzten Geräten. Und nichts hebt den Status so eindeutig wie ein souveräner Umgang mit den Räumen und Dingen darin.

Denken Sie nur an die unterschiedliche Wirkung zweier Personen, die zu spät zu einer Sitzung kommen.

- Die erste Person klopft leise an die Tür und schleicht sich möglichst unauffällig rein. Sie schiebt den Stuhl ganz vorsichtig und möglichst geräuschlos zur Seite, als ob er aus Glas wäre.
- Die zweite Person kommt mit Schwung rein, begrüßt die Anwesenden und macht keine Anstalten, sich zurückzunehmen (s. auch das Beispiel der Teambesprechung im Kapitel 1.1, das Verhalten von Frau A.).

Davon abgesehen, ob und welches dieser Verhalten Sie persönlich für angemessen und sympathisch halten: Wem würden Sie es eher zutrauen, sich zu behaupten? Oder im folgenden Beispiel:

- Ein Vortragender nutzt die ganze Bühne aus, bewegt sich und beherrscht routiniert sowohl das Präsentationsprogramm als auch die anderen Utensilien, die er bei seinem Vortrag nutzt.
- Ein anderer stolpert auf die Bühne, bleibt hinter dem Pult „kleben", klickt wirr hin und her in der Präsentation, weil er das Programm nicht beherrscht.

Wer überzeugt mehr und kann sich besser behaupten? Sie strahlen also umso mehr Ruhe, Sicherheit und Souveränität aus,

- je entspannter und sicherer Sie sich im Raum bewegen,
- je selbstverständlicher Sie mit Gegenständen umgehen,
- je mehr Raum Sie in Anspruch nehmen,

- je gelassener Sie sitzen/stehen,
- je ruhiger Sie sprechen,
- je größer Ihre Gesten sind.

Damit sorgen Sie dafür, dass Sie sich, noch bevor Sie in Kontakt mit anderen kommen, bereits komfortabel positionieren. Umso leichter wird es für Sie sein, sich zu behaupten.

Kommunikation mit verschiedenen Gruppenmitgliedern

Bei der Kommunikation auf Augenhöhe mit jedem einzelnen Gruppenmitglied greifen die gleichen Mechanismen wie im Gespräch mit einem einzigen Gesprächspartner (s. Kap. 4.2), nur die Komplexität nimmt mit der Anzahl der Teilnehmer zu.

Ihre wichtigste Aufgabe, wenn Sie sich behaupten wollen: zu jedem einzelnen Gruppenmitglied, mit dem Sie zu tun haben, Kommunikation auf Augenhöhe aufzubauen. Deswegen machen Sie es sich zur Gewohnheit, sich der Person, mit der Sie gerade sprechen, ganz zu widmen. Wenn Sie es schaffen, jedem in der Gruppe auf Augenhöhe zu begegnen, werden Sie keinerlei Probleme haben, sich mit Ihren Anliegen zu behaupten.

Eine Besonderheit in Gruppen sind Status-Kämpfe um den Platz in der Gruppenhierarchie. Und in jedem Kampf geht es um Sieg oder Niederlage. Deswegen meine Empfehlung: Halten Sie sich aus diesem Status-Gerangel raus! Kommunizieren Sie mit jedem immer auf Augenhöhe.

Erinnern Sie sich noch an das Beispiel „Teambesprechung" (s. Kap. 1.1)? Stellen Sie sich vor, Sie gehören zu diesem Projektteam. Lassen Sie uns gemeinsam schauen, welche Strategie hier Erfolg versprechend sein kann.

Sie kennen alle Teammitglieder und haben einen guten Kontakt zu jedem Einzelnen bereits im Vorfeld aufgebaut (Pacing). Als Zeuge des Status-Kampfes zwischen den einzelnen Gruppenmitgliedern bleiben Sie ganz ruhig sitzen und schauen sich mit Interesse diese Szenerie an.

Nach einiger Zeit wird Ihnen klar, dass es im Sinne des Projektes wichtig ist, zunächst eine Basis für die gemeinsame Arbeit zu vereinbaren. Sie stehen in aller Ruhe auf, gehen zum Flipchart und sagen mit ruhiger und dennoch lauter Stimme, dass Sie sich zur Verfügung stellen, im ersten Schritt die Punkte, die jedem Gruppenmitglied wichtig sind, zu sammeln. Dann fragen Sie jeden Einzelnen danach. Dabei sprechen Sie die einzelnen Personen auf Ihrer gemeinsamen schon vorab etablierten Augenhöhe an (Leading).

Sie nehmen die Wünsche auf, ohne auf Diskussionen einzugehen. Dabei reagieren Sie nur auf konstruktive Beiträge (Reagieren/Nichtreagieren). Ihren eigenen Vorschlag geben Sie zum Schluss ab und fassen alles zusammen. Jetzt fragen Sie jeden Teilnehmer einzeln, ob es auf der Liste Punkte gibt, mit denen er/sie auf keinen Fall einverstanden ist, was die Begründung dafür ist und ob es einen Verbesserungsvorschlag gibt.

Diese Vereinbarung wird für verbindlich erklärt. Sie übernehmen auch die Terminkoordination und Vorbereitung der nächsten Teambesprechung.

Sie haben sich in der Gruppe behauptet: Auf Augenhöhe. Respektvoll. Mit Win-win!

- *Sich behaupten bedeutet, für sich und die eigenen Ziele einzustehen. Das gelingt, wenn man andere von den eigenen Ideen überzeugt, statt sie plump zu dominieren oder an deren Mitleid zu appellieren.*
- *Für den Aufbau der Kommunikation auf Augenhöhe gibt es wirkungsvolle Techniken: Reagieren/Nichtreagieren, Pacen und Leaden.*
- *Wenn es Ihnen gelingt, eine Gesprächsführung auf Augenhöhe zu erzeugen, dann können Sie den anderen überzeugen und sich behaupten.*
- *Status wirkt auch in Bezug auf Räume. Je entspannter und gelassener Sie mit Räumen und Gegenständen umgehen, umso leichter gelingt es Ihnen, sich zu behaupten.*
- *Beteiligen Sie sich nicht am Status-Gerangel um die Hierarchie in der Gruppe.*
- *Nutzen Sie die zuvor aufgebaute Kommunikation auf Augenhöhe zu den einzelnen Gruppenmitgliedern, um sie für Ihre Anliegen zu überzeugen und sich so zu behaupten.*

Fast Reader

1. Die Idee von Status

Status durchzieht unsere gesamte Kommunikation. So wie man „nicht nicht kommunizieren" (Paul Watzlawick) kann, so kann man nicht ohne Status mit anderen interagieren. Beim Status handelt es sich um einen ständigen Vergleich, ein Messen um Gunst, Respekt und Sympathie oder den Wunsch nach Distanz oder Nähe.

- **Status ist nicht beständig, er wird in jeder Begegnung neu ausgehandelt.**
- **Die Zuordnung läuft unbewusst: In Sekundenschnelle werden die Körpersprache, das Gesagte und die Sprechweise gescannt und die eigene Reaktion festgelegt.**
- **Status hat nichts mit Besitztümern oder Hierarchien zu tun, sondern nur mit dem Selbstbild im Vergleich zu anderen und dem daraus resultierenden Verhalten.**

- *Grundsätzlich wird Hochstatus mit Dominanz und Überlegenheit und Tiefstatus mit Unterlegenheit und Anpassung verbunden.*
- *Der Augenhöhe-Status funktioniert auf der Basis einer Status-Wippe. Dabei haben die Gesprächspartner einen vergleichbaren Status und bewegen sich abwechselnd zwischen dem Hoch- und Tiefstatus hin und her.*

2. Statusverhalten

Das Statusverhalten ist eine Strategie, um bewusste und unbewusste Ziele zu erreichen. Es entsteht in unserem Inneren, für andere unsichtbar. Wir verhalten uns in Abhängigkeit von
- *unserer Wahrnehmung und Interpretation der Situation,*
- *unseren Gedanken über andere,*
- *unseren Gedanken über uns selbst -> Selbstbild,*
- *unseren Werten, Glaubenssätzen, Emotionen.*
Die wesentliche Grundlage für Begegnungen auf Augenhöhe ist Respekt.

- *Da die inneren Beurteilungen erst im zweiten Schritt nach außen wirken, werden das innere und äußere Statusverhalten unterschieden.*
- *Scham und Stolz sind die wichtigen Emotionen für das Statusverhalten.*

- *Respekt vor sich selbst und vor dem anderen entscheidet darüber, welche Intention hinter dem Hochstatus und Tiefstatus steht.*
- *Der äußere Status kann nur im Zusammenhang mit der Situation, den verbalen und nonverbalen Signalen und der dahinter stehenden Intention wirklich gedeutet werden.*
- *Der innere und äußere Status stimmen nicht immer überein, sodass es vier verschiedene Kombinationen gibt.*

3. Ihr persönlicher Status

Unser Status-Empfinden verändert sich je nachdem, mit wem wir es zu tun haben. So unterscheidet sich unser Statusverhalten je nach Lebensrolle. In einer Rolle tritt man eher im Tiefstatus auf, in einer anderen ist man öfter im Hochstatus.

- *Kennt man die eigenen Tendenzen, den über alle Lebensrollen hinweg häufigsten Status, dann kennt man den eigenen Grundstatus.*
- *Zur eigenen Status-Komfortzone gehören alle Status-Kombinationen, die man in seinem Verhaltensrepertoire hat, auch wenn sie nur in einer Lebensrolle zum Tragen kommt.*
- *Um die eigene Status-Komfortzone zu erweitern, kann man Status-Vorbilder, Status-Mentoren oder Status-Anker zu Hilfe nehmen.*

4. So behaupten Sie sich

Sich behaupten bedeutet, auf Standing und Respekt zu achten. Wir finden die Menschen überzeugend, die für ihre Sache einstehen, ihre Ziele verfolgen und dabei auf Kurs bleiben. Auch Sympathie spielt dabei eine große Rolle.

Je nachdem, ob Sie sich im Alltag eher im Hoch- oder im Tiefstatus bewegen, unterscheiden sich die Herausforderungen, wenn Sie sich auf Augenhöhe mit anderen behaupten wollen.

- **Erst wenn es Ihnen gelingt, mit Ihrem Gesprächspartner auf Augenhöhe zu kommunizieren, werden Sie sich behaupten können.**
- **Wirkungsvolle Techniken dafür sind:**
  - **Das Reagieren/Das Nichtreagieren**
  - **Die Status-Angleichung (Pacing)**
  - **Die Status-Führung (Leading)**
- **Auch in Gruppen wird Status ausgehandelt.**
- **Dabei wirkt Status nicht nur in Bezug auf Personen, sondern auch in Bezug auf die Räume und Gegenstände.**
- **Beteiligen Sie sich nicht an Status-Kämpfen um die Hierarchie in der Gruppe. Schaffen Sie stattdessen eine Beziehung auf Augenhöhe zu jedem einzelnen Gruppenmitglied.**

30

Die Autorin

Natalie Schnack (geb. 1972) spielt leidenschaftlich gern Improvisationstheater und ganz besonders der Status hat es ihr von Anfang an angetan.

Auch in ihrer Arbeit als Sichtbarkeits-Coach und Trainerin nutzt sie die Methoden aus dem Improvisationstheater. Seit 2009 unterstützt sie Berufstätige – Selbstständige und Angestellte – dabei, aus der Tarnung herauszukommen und der Welt zu zeigen, was in ihnen steckt.

Seitdem bloggt sie, facebookt und twittert zu ihren Fachthemen Selbstmarketing, Selbstpräsentation und Selbstbehauptung.

Davor arbeitete die Diplom Wirtschaftsingenieurin (FH) über 10 Jahre in einem der größten Medienunternehmen Europas. Zuletzt leitete sie das Projekt Kundenorientierung.

Kontakt:
Natalie Schnack, Ahrensburg (bei Hamburg)
kontakt@natalieschnack.de
www.natalieschnack.de
www.facebook.com/SichtbarkeitsCoaching
www.twitter.com/Natalie_Schnack

Weiterführende Literatur

- Borbonus, R.: Respekt! Wie Sie Ansehen bei Freund und Feind gewinnen, Econ Verlag, Berlin 2011.

- Härter, G.: 30 Minuten Arschlöcher zähmen, GABAL Verlag, Offenbach 2012.

- Johnstone, K.: Improvisation und Theater, Alexander Verlag, Berlin 2010.

- Lehner, J. M.; Ötsch, W. O.: Jenseits der Hierarchie. Status im beruflichen Alltag aktiv gestalten, Wiley-VCH Verlag, Weinheim 2006.

- Topf, C.: Einfach mal die Klappe halten. Warum schweigen besser ist als Reden, GABAL Verlag, Offenbach 2010.

Register

Anpassung 23, 25, 43, 91

Augenhöhe 7, 22, 34, 36, 44, 59, 67, 69, 71f., 74-84, 87ff., 91, 93

Augenhöhe-Status 21ff., 45, 72, 74, 91

Äußerer Status 7, 37, 45, 50, 60, 92

Äußeres Statusverhalten 25f., 30, 42, 56f., 71, 91

Distanz 9, 69ff., 90

Dominanz 18, 23, 25, 57, 68, 81, 91

Improvisationstheater 9, 68

Innerer Status 7, 26, 30, 37, 42, 45, 50f., 53, 60, 62, 69, 92

Kommunikation 6, 9, 15, 18ff., 72, 75ff., 81, 87, 89f.

Leading 75, 80, 82, 84, 88, 93

Lebensbereiche 49f., 53f., 62

Lebensrollen 48-51, 55, 59, 65, 92

Nähe 9, 19, 44, 69ff., 90

Nichtreagieren 75ff., 82, 84, 88f., 93

Pacing 75, 78, 83f., 88, 93

Reagieren 75ff., 82, 84, 88f., 93

Respekt 9, 22, 34ff., 42f., 56ff., 60, 67ff., 90-93

Status-Kampf 18, 20f., 23, 55, 71, 73, 81, 87f., 93

Status-Kombinationen 53, 55f., 58-61, 65, 69, 92

Status-Komfortzone 7, 47, 54, 55, 59f., 65, 92

Status-Modell 7, 47, 67, 71

Statusverhalten 6, 12, 15, 17f., 20, 22f., 25ff., 29ff., 36, 38, 40, 42, 45, 48, 51, 53f., 56-59, 61f., 65, 69, 71, 78, 80f., 83f., 91f.

Status-Wippe 19, 20, 22f., 41, 55, 59, 69, 72f., 76, 78, 80, 84, 91

Sympathie 9, 44, 68f., 71f., 90, 93

Überlegenheit 18, 23, 43, 63, 91

Unterlegenheit 19, 23, 42, 91

Unterwerfung 82